世界文學
經典名作

烏合之衆

PSYCHOLOGIE DES FOULES

GUSTAVE LE BON

古斯塔夫・勒龐　著
古丁　譯

名家讚賞與推薦

《烏合之眾》是一本當之無愧的名著，作者極為精緻地描述了集體心態。

——奧地利精神分析學創始人佛洛伊德

心理學領域已經寫出的著作中，最有影響者，非《烏合之眾》莫屬。

——美國社會心理學大師奧爾波特

勒龐的這本書具有持久的影響力，是群體行為的研究者不可不讀的文獻。

——美國社會學家墨頓

勒龐最早有效闡明了「個人在群體影響下，思想和感覺中道德約束與文明方式突然消失，原始衝動、幼稚行為和犯罪傾向的突然爆發」的實相，從而「給予作為古典民主學說和關於革命的民主神話基礎的人性畫面沉重一擊」！

——美國經濟學家、創新理論大師熊彼得

關於本書

《烏合之眾》作者是法國著名社會心理學家古斯塔夫・勒龐自一八九四年始，寫下一系列社會心理學著作，以本書為最著名；在社會心理學領域已有的著作中，最有影響的，也是這部力道十分驚人的《烏合之眾》。

作者論述在傳統社會因素毀滅、工業時代巨變的基礎上，「群眾的時代」已經到來。書中極為精緻地描述了集體心態，對人們理解集體行為的作用以及對社會心理學的思考發揮了巨大影響。《烏合之眾——群眾心理研究》，其觀點新穎，匠心獨具，語言生動，是群體行為的研究者不可不讀的經典之作！

《烏合之眾》首次出版於一八九五年，迄今已有一百多年的歷史，被譽為大眾心理學的開山之作。作者經驗性地探討了群眾心理的產生與運行，有力地展示了大眾非理性以及充滿變數的心理世界。

《烏合之眾》是一本當之無愧的名著，他極為精緻地描述了集體心態，是在社會心理學領域已經寫出的著作中，最有影響者。本書還具有持久的影響力，是群體行為的研究者不可不讀的文獻。

本書在世界上已有二十幾種語言版本，至今仍在國際學術界有廣泛影響。在本書中，作者指出——個人一旦進入群體中，他的個性便湮沒了，群體的思想占據統治地位，而群體的行為表現為無異議，情緒化和低智商。等於是一群無法思考或是思考低落的另一種人格的群眾！

作者簡介

古斯塔夫・勒龐（Gustave Le Bon，1841.5.7-1931.12.13），是法國社會心理學家、社會學家，群體心理學的創始人，有「群體社會的馬基雅維裡」之稱。勒龐還是一位物理學家。他出生於法國諾晉特—勒—盧特魯（Nogent-le-Rotrou），逝世於法國馬恩—拉—科蓋特（Marnes-la-Coquette）。出版有《烏合之眾》、《力的演化》、《歷史哲學的科學基礎》等。

勒龐生於一八四一年，一八六〇年進入巴黎大學學醫。大學時，勒龐就展現出極強的思考能力與寫作能力。一八六六年，他出版了第一本著作《假死與早葬》，討論了死亡的定義，成為在法律意義上討論相關話題的先驅。

一八七〇年普法戰爭爆發，勒龐成為一名軍醫。戰後，他寫下了關於軍隊紀律與指揮問題以及人在壓力、苦痛下產生的行為的反思文章，這後來成為法國最著名的聖西爾軍校的教材。

此後，勒龐對人類學產生了興趣。他在歐洲、亞洲、非洲遊歷考察，並撰寫出關於阿拉伯文明、印度文明、東方主要文明的一系列專著。這些考察也讓勒龐產生了文化主要受遺傳因素影響的觀點。他於一八七九年發表的《關於腦容量變化及其與智商的關係之解剖學與數學的研究》一文獲得了法國科學院的大獎。一九二〇年，勒龐作為生理學與相關科學教授從巴黎大學退休。在生命的最後一年，他出版了《歷史哲學的科學基礎》一書。

在勒龐諸多學術論文中，有一些物理學論文，比如《不可見發光》《電射線與物體對赫茲波的透明性》《作為太陽熱與電之起源的物質去實體化》《速度在現象中的角色》，等等。其論文中探討的很多話題都成為後來近代物理的主題。他的《力的演化》中一些章節堪稱經典。而在《物質的演化》一書中，勒龐將原子內能、物質——能量轉化、放射性物質等原子物理和狹義相對論的時髦主題從容駕馭、娓娓道來。這些著作恰好出現在原子物理和相對論發展的關鍵時期，被翻譯成多種文字並被廣泛引用。

他在巴黎學習醫學，一八六六年獲得醫學博士學位之後，遊歷了歐洲、北非和亞洲，寫了數本有關人類學和考古學的著作。儘管他有廣泛的聯繫和龐大的科研計畫，但他強烈的願望卻從未實現過。大學的大門甚至科學院的大門都一直對他緊閉著。勒龐就這樣被排斥在正式的圈子之外。但正是作為一個局外人，他才如此不知疲倦的埋頭工作。他制定了一個又一個科研計畫卻從未有任何驚人的發現。然而他的業餘性質的研究和科學普及工作確實提高了他的綜合技能，因此更加得心應手地撰寫視野開闊的綱要，運用生動有力的詞語，並且能夠像記者那樣憑直覺及時捕捉吸引廣大讀者的事件和觀點。經過多年的努力，他發表了幾十部著作，完善了綜合生物學、人類學和心理學學說。

一八七〇年起在巴黎行醫。一八八四年開始研究群眾心理學，闡發了強調民族特點與種族優越性的社會心理學理論。他的研究涉及三個領域：人類學、自然科學和社會心理學。他最初研究的是為各個人種的身體特徵創制測量方法。後來他發展了人種分類等級學說。晚年，興趣轉向社會心理學。按照他的意思，一群人如果被認為屬於一個種族或亞種，他們一定具有同樣的感情和思維方法。他確定的標準包括推理能力的水準、注意力和本能需求控制。例如，把盎格魯撒克遜人的智力特徵與拉丁人的智力特徵相比後，他發現盎格魯撒克遜人各方面都更加優越。勒龐還發展了另一種分類等級，他稱之為性別分類等級（該分類法於20世紀70年代遭到批判）。根據這種分類方法，動物、瘋子、社會學家、兒童、智力衰退者和原始人被認為是下等人。

勒龐用生動而直截了當的語言來表達這一觀點，並用准科學的內容作為依據，這就解釋了他的書為何如此成功，以致他「最終擁有了其他任何社會思想家都無法匹敵的讀者群

所有讚賞他的人都深信，他的那些有關人性本質的觀點雖然難以讓人接受，但卻至關重要。在社會和政治事務上，他們認真聽取了他命令性的忠告。事實上，在20世紀20年代，他的思想達到了頂峰。他的預知令人震驚，他在作品中預見了20世紀所有的心理學和政治發展。

美國總統狄奧多·羅斯福堅持要會見勒龐，他曾經於一九一四年認真閱讀了勒龐的作品。另一位國家元首亞歷山大·德里在一九二四年寫道：「如果你見到勒龐，告訴他智利共和國總統是他的狂熱崇拜者。我曾從他的作品中摘錄了一些句子。」有兩位政治人物，尤其忙於通讀勒龐的著作。他們將勒龐制定的規則付諸實踐，並且及其認真的將他們分門別類，這兩位就是墨索里尼和希特勒。最循規蹈矩的跟隨勒龐，並按照真正的日爾曼人的徹底性來做的人是阿道夫·希特勒。他的《我的奮鬥》就是緊緊追隨勒龐的推理邏輯。讀起來就像是勒龐作品的偽劣盜版（霍克海默和阿多諾）。

曼諾尼：「戴高樂將軍全盤接受了（有關領袖）的觀點，我們譴責勒龐，但卻翻遍了、讀爛了他的著作！」——勒龐的每一部作品都對義大利的反革命運動起了雙重的作用。

勒龐以對群體心理特徵的研究而著稱。他認為，「民族的精神」或「種族的靈魂」是整個社會生活的基礎。一個民族、種族或一種文明都具有民族的精神，即共同的感情、利益和思維方式。國家精神是從人們心中無形的民族精神的非理性途徑中產生的，並支配了一切社會制度的形式。

歷史就是民族或種族性格的產物，民族或種族性格是社會進步的主要力量。他認為歐洲社會日益增長的特徵是群眾的聚合物。個體的意識個性淹沒在群眾心理之中，群眾心理誘發出情緒，意識形態通過情緒感染得到傳播。一旦被廣泛傳播，意識形態就滲透到群眾中個體的心理層次，使個體喪失批判能力，從而影響他們的行為；群眾的行為是一致性、情緒性和非理智性的。勒龐認為他的這種觀點可在現代群眾和群眾組織中得到證實。

勒龐最著名的著作《烏合之眾：群眾心理研究》出版於一八九五年。他認為人群集體時的行為本質上不同於人的個體行為。群集時有一種思想上的互相統一，勒龐稱之為「群體精神統一性的心理學定律」（law of the mental unity of crowds），這種統一可以表現為不可容忍、不可抵抗的力量或不負責任。

群體行為可能是突然的和極端的；智力過程可能是初步的和機械的。這是當時盛行的幾種「群體心理」理論之一。在群集情況下，個體放棄獨立批判的思考能力，而讓群體的精神代替自己的精神，進而，放棄了責任意識乃至各種約束，最有理性的人也會像動物一樣行動。群集時還會產生一處思想的感染，使得偏者和群眾的無意識思想通過一種神秘物作用要理互相滲透。勒龐總結說，當它成為集體時，任何一種虛弱的個人信念都有可能被強化。

勒龐的思想對分析的社會心理學產生了較大影響，同時也成為現代意識形態研究中不可或缺的內容。

論「烏合之眾」

勒龐認為——當許多的個人一旦構成一個群體時，就會產生獨特的集體心理，這種集體心理通過彼此情緒上的相互感染，會使得個人不由自主的喪失理性思考的能力，其行為方式會和平時獨處的時候大相徑庭，頭腦變得簡單化，人們會非常容易不加懷疑地接受群體提供的意見、想法和信念，並盲目的模仿群體中其他人的行為和態度。

勒龐的理論將集體行為描述為一種根本上基於情緒的、非理性的甚至是瘋狂的行為，即使是理性的個體，一旦融入群體中也會變成非理性的個體。這既引起了人們的廣泛興趣，也招致了大量批評。事實上，從方法上看，勒龐的大多數觀點都缺乏實際的研究基礎；但他對集體行為中情緒等非理性因素的強調以及對群體會抑制個人理性反思能力的觀察，直至今日仍具有啟發性的意義。

從平常的含義上說，「群體」一詞是指聚集在一起的個人，無論他們屬於什麼民族、職業或性別，也不管是什麼事情讓他們走到了一起。但是從心理學的角度看，「群體」一詞卻有著完全不同的重要含義。在某些既定的條件下，並且只有在這些條件下，一群人會表現出一些新的特點，它非常不同於組成這一群體的個人所具有的特點。

聚集成群的人，他們的感情和思想全都轉到同一個方向，他們自覺的個性消失了，形成了一種集體心理。它無疑是暫時的，然而它確實表現出了一些非常明確的特點。這些聚集成群的人進入一種狀態，因為沒有更好的說法，我們姑且把它稱為一個組織化的群體，或換個也許更為可取的說法，一個心理群體。它形成了一種獨特的存在，受群體精神統一律的支配。

不言自明，一些人偶然發現他們彼此站在一起，僅僅這個事實，並不能使他們獲得一個組織化群體的特點。一千個偶然聚集在公共場所的人，沒有任何明確的目標，從心理學意義上說，根本不能算是一個群體。要想具備群體的特徵，得有某些前提條件起作用，我們必須對它們的性質加以確定。

自覺的個性的消失，以及感情和思想轉向一個不同的方向，是就要變成組織化群體的人所表現出的首要特徵，但這不一定總是需要一些個人同時出現在一個地點。有時，在某種狂暴的感情——譬如因為國家大事——的影響下，成千上萬孤立的個人也會獲得一個心理群體的特徵。

在這種情況下，一個偶然事件就足以使他們聞風而動聚集在一起，從而立刻獲得群體行為特有的屬性。有時，五六個人就能構成一個心理群體，而數千人偶然聚在一起卻不會發生這種現象。另一方面，雖然不可能看到整個民族聚在一起，但在某些影響的作用下，它也會變成一個群體。

心理群體一旦形成，它就會獲得一些暫時的然而又十分明確的普遍特徵。

除了這些普遍特徵以外，它還會有另一些附帶的特徵，其具體表現因組成群體的人而各有不同，並且它的精神結構也會發生改變。因此，對心理群體不難進行分類。當我們深入研究這個問題時就會看到，一個異質性群體（即由不同成分組成的群體）會表現出一些與同質性群體（即由大體相同的成分，如宗派、等級或階層組成的群體）相同的特徵，除了這些共同特徵外，它們還具有一些自身的特點，從而使這兩類群體有所區別。

不過，在深入研究不同類型的群體之前，我們必須先考察一下它們的共同特點。我們將像自然科學家一樣從事這項工作，他們總是先來描述一個族系全體成員的共同特點，然後再著手研究那些使該族系所包含的種類有所區別的具體特點。

對群體心理不易作出精確的描述，因為它的組織不僅有種族和構成方式上的不同，而且還因為支配群體的刺激因素的性質和強度而有所不同。不過，個體心理學的研究也會遇到同樣的困難。一個人終其一生性格保持不變的事情，只有在小說裡才能看到。只有環境的單一性，才能造成明顯的性格單一性。因為，一切精神結構都包含著各種性格的可能性，環境的突變就會使這種可能性表現出來。這解釋了法國國民公會中最野蠻的成員為何原來都是些謙和的公民。在正常環境下，他們會是一些平和的公證人或善良的官員。風暴過後，他們又恢復了平常的性格，成為安靜而守法的公民。拿破崙在他們中間為自己找到了最恭順的臣民。

這裡不可能對群體強弱不同的組織程度作全面的研究，因此，我們只專注於那些已經達到完全組織化階段的群體。這樣我們就會看到群體可以變成什麼樣子，而不是它們一成不變的樣子。只有在這個發達的組織化階段，種族不變的主要特徵才會被賦予某些新特點。這時，集體的全部感情和思想中所顯示出來的變化，就會表現出一個明確的方向。只有在這種情況下，前面所說的群體精神統一性的心理學規律才開始發生作用。

在群體的心理特徵中，有一些可能與孤立的個人沒有什麼不同，而有一些則完全為群體所特有，因此只能在群體中看到。研究者首先就是這些特徵，以便揭示它們的重要性。

一個心理群體表現出來的最驚人的特點如下——構成這個群體的個人不管是誰，他們的生活方式、職業、性格或智力不管相同還是不同，他們變成了一個群體這個事實，便使他們獲得了一種集體心理，這使他們的感情、思想和行為變得與他們單獨一人時的感情、思想和行為頗為不同。

若不是形成了一個群體，有些閃念或感情在個人身上根本就不會產生，或不可能變成行動。心理群體是一個由異質成分組成的暫時現象，當他們結合在一起時，就像因為結合成一種新的存在而構成一個生命體的細胞一樣，會表現出一些特點，它們與單個細胞所具有的特點大不相同。

與人們在機智的哲學家赫伯特·史賓塞筆下發現的觀點相反，在形成一個群體的人群中，並不存在構成因素的總和或它們的平均值。實際表現出來的，是由於出現了新特點而形成的一種組合，就像某些化學元素——如鹹和酸——反應後形成一種新物質一樣，它所具有的特性十分不同於使它得以形成的那些物質。

組成一個群體的個人不同於孤立的個人，要想證明這一點並不困難，然而找出這種不同的原因卻不那麼容易。

要想多少瞭解一些原因，首先必須記住現代心理學所確認的真理，即無意識現象不但在有機體的生活中，而且在智力活動中，都發揮著一種完全壓倒性的作用。與精神生活中的無意識因素相比，有意識因素只起著很小的作用。最細心的分析家和最敏銳的觀察家，充其量也只能找出一點支配他的行為的無意識動機。我們有意識的行為，是主要受遺傳影響而造成的無意識的深層心理結構的產物。這個深層結構中包含著世代相傳的無數共同特徵，它們構成了一個種族先天的稟性。在我們的行為之可以說明的原因背後，毫無疑問隱藏著我們沒有說明的原因，但是在這些原因背後，還有另外許多我們自己一無所知的神秘原因。我們的大多數日常行為，都是我們無法觀察的一些隱蔽動機的結果。

無意識構成了種族的先天稟性，尤其在這個方面，屬於該種族的個人之間是十分相似的，使他們彼此之間有所不同的，主要是他們性格中那些有意識的方面——教育的結果，但更多的是因為獨特的遺傳條件。人們在智力上差異最大，但他們卻有著非常相似的本能和情感。在屬於情感領域的每一種事情上——宗教、政治、道德、愛憎等，最傑出的人士很少能比凡夫俗子高明多少。從智力上說，一個偉大的數學家和他的鞋匠之間可能有天壤之別，但是從性格的角度看，他們可能差別甚微或根本沒有差別。

這些普遍的性格特徵，受著我們的無意識因素的支配，一個種族中的大多數普通人在同等程度上具備這些特徵。我認為，正是這些特徵，變成了群體中的共同屬性。在集體心理中，個人的才智被削弱了，從而他們的個性也被削弱了。異質性被同質性所吞沒，無意識的品質占了上風。

群體一般只有很普通的品質，這一事實解釋了它為何不能完成需要很高智力的工作。涉及普遍利益的決定，是由傑出人士組成的議會作出的，但是各行各業的專家並不會比一群蠢人所採納的決定更高明。

實際上，他們通常只能用每個普通個人與生俱來的平庸才智，處理手頭的工作。群體中累加在一起的只有愚蠢而不是天生的智慧。如果「整個世界」指的是群體，那就根本不像人們常說的那樣，整個世界要比伏爾泰更聰明，倒不妨說伏爾泰比整個世界更聰明。

如果群體中的個人只是把他們共同分享的尋常品質集中在了一起，那麼這只會帶來明顯的平庸，而不會如我們實際說過的那樣，創造出一些新的特點。這些新特點是如何形成的呢？這就是我們現在以及今後要研究的問題。

目錄

名家讚賞與推薦／003
關於本書／004
作者簡介／006
論「烏合之眾」／013
作者前言／027
導言：群體的時代／033
第一卷　群體的心理／045
第一章　群體的普遍特徵與群體思維的心理法則／047
第二章　群體的感情和道德觀／061
一、群體的衝動、易變、易怒和急躁／063
二、群體的易受暗示和輕信／067
三、群體情緒的誇張與單純／079

contents

四、群體的偏執、專橫和保守／082
五、群體的道德／086
第三章　群體的觀念、推理與想像力／091
一、群體的觀念／092
二、群體的理性／097
三、群體的想像力／100
第四章　群體信仰所採取的宗教形式／106
第二卷　群體的意見與信念／115
第一章　群體的意見和信念中的間接因素／117
一、種族／119
二、傳統／121
三、時間／124

四、政治和社會制度／126
五、教育／131
第二章　群體意見的直接因素／143
一、形象、詞語和套話／145
二、幻覺／152
三、經驗／155
四、理性／157
第三章　群體領袖及其說服的手法／161
一、群體的領袖／162
二、領袖的動員手段：斷言、重複和傳染／170
三、名望／178
第四章　群體的信念和意見的變化範圍／192
一、牢固的信念／193

contents

二、群體意見的多變／200
第三卷　不同群體的分類與描述／209
第一章　群體的分類／211
一、異質性群體／213
二、同質性群體／216
第二章　被稱為犯罪群體的群體／218
第三章　刑事案件的陪審團／225
第四章　選民群體／234
第五章　議會／248
〔附錄一〕烏合之眾：人一到群體中，智商就嚴重降低／275
〔附錄二〕古斯塔夫・勒龐語錄／276
〔結語〕請保持獨立思考／286

作者前言

以下研究是要對各種群體的特徵做一說明。

遺傳賦予每個種族中的每個人以某些共同特徵，這些特徵加在一起，便構成了這個種族的獨特氣質。不過，當這些個體中的一部分人為了行動的目的而聚集成一個群體時，僅僅從他們聚在一起這個事實，我們就可以觀察到，除了原有的種族特徵之外，他們還表現出一些新的心理特徵，這些特徵有時與種族特徵頗為不同。

在各民族的生活中，有組織的群體歷來起著重要的作用，然而這種作用從來沒有像現在這樣重要。「群體的無意識行為代替了個人的有意識行為」，是目前這個時代的主要特徵之一。

對於群體所引起的困難問題，我以純科學的方式進行了考察。這就是說，我的努力只有方法上的考慮，不受各種意見、理論和教條的影響。我相信，這是發現少許真理的推一辦法，當這裡所討論的是個眾說紛法的話題時，情況尤其如此。致力於澄清一種現象的科學家，他對於自己的澄清會傷害到什麼人的利益，是不會有所考慮的。傑出的思想家阿爾維耶拉先生在最近一本著作中說，不屬於任何當代學派的他，不時發現自己和所有這些派別的各種結論相左。我希望這部新著也堪當此論。屬於某個學派，必然會相信它的偏見和先入為主的意見。

不過，我還是要向讀者解釋一下，為什麼他會發現我從自己的研究中得出一些他乍一看難以接受的結論。例如，為什麼我在指出包括傑出人士的團體在內的群體精神的極端低劣之後，還是斷定，儘管有這種低劣性，干涉他們的組織仍然是危險的呢？

其原因是，對歷史事實最細緻的觀察，無一例外地向我證實，社會組織就像一切生命有機體一樣複雜，我們還不具備強迫它們在突然之間發生深刻變革的智力。大自然有時採取一些激烈的手段，卻從來不是以我們的方式，這說明對一個民族有致命危險的，莫過於它熱衷於重大的變革，無論這些變革從理論上說多麼出色。如果它能夠使民族氣質即刻出現變化，才能說它是有用的。

然而，只有時間具備這樣的力量。人們受各種思想、感情和習慣所左右——這是我們的本性使然。各種制度和法律是我們性格的外在表現，反映著它的需要。作為其產物的各種制度和法律，是不能改變這種性格的。

研究社會現象，與研究產生這些現象的民族是分不開的。從哲學觀點看，這些現象可能有絕對價值，實際上它們只有相對價值。

因此，在研究一種社會現象時，必須分清先後，從兩個不同的方面對它加以考慮。這樣就會看到，純粹理性的教誨經常同實踐理性的教誨相反。這種劃分幾乎適用於任何材料，甚至自然科學的材料也不例外。從絕對真理的觀點看，一個立方體或一個圓，都是由一定的公式做了嚴格定義的不變的幾何形狀。但是從印象的角度看，這些幾何圖形在我們眼裡卻會表現出十分不同的形狀。從透視的角度看，立方體可以變成椎形的或方形的，圓可以變成橢圓或直線。但是，考慮這些虛幻的形狀，遠比考慮它們的真正形狀更重要，因為它們，也只有它們，是我們所看到並能夠用照相或繪畫加以再現的形狀。有時不真實的東西比真實的東西包含著更多的真理。按照事物準確的幾何形狀來呈現它們，有可能是在歪曲自然，使它變得不可辨認。

我們不妨設想一下，如果世界上的居民只能複製或翻拍物體，但無法接觸它們，他們是很難對物體形態形成正確看法的。進一步說，如果有關這種形態的知識只有少數有學問的人才能掌握，它也就沒有多少意義了。

研究社會現象的哲學家應當時刻牢記，這些現象除了有理論價值外，還有實踐價值，只有這後一種價值與文明的進化有關，只有它才是重要的。只要認識到這個事實，在考慮最初邏輯迫使他接受的結論時，他就會採取非常謹慎的態度。

還有一個原因使他採取類似的保留態度。社會事實如此複雜，根本不可能全盤掌握或預見到它們的相互影響帶來的後果。此外，在可見的事實背後，有時似乎還隱蔽著成百上千種看不見的原因。可見的社會現象可能是某種巨大的無意識機制的結果，而這一機制通常超出了我們的分析範圍。能夠感覺到的現象可以喻為波浪，它不過是海洋深處我們一無所知的湍流的表象。

就群體的大多數行為而言，它在精神上表現出一種獨特的低劣性，在另一些行為中，它好像又受著某種神秘力量的左右，古人稱它為命運、自然或天意，我們稱之為幽靈的聲音。我們雖然不瞭解它的本質，卻不能忽視它的威力。

在民族的內心深處，有時彷彿有一種持久的力量在支配著他們。例如，還有什麼東西能比語言更複雜、更有邏輯、更神奇呢？但是，這個組織程度令人讚歎的產物，如果不是來自群體無意識的稟賦，還能來自什麼地方？

最博學的學者，最有威望的語法學家，所能做到的也不過是指出支配著語言的那些規律，他們絕不可能創造這種規律。甚至偉人的思想，我們難道可以斷言那完全是他們頭腦的產物嗎？毫無疑問，這些思想是由獨立的頭腦創造出來的，然而，難道不是群體的稟賦提供了千百萬顆沙粒，形成了它們生長的土壞嗎？

群體無疑總是無意識的，但也許就在這種無意識中，隱藏著它力量強大的秘密。在自然界，完全受本能支配的生物做出的一些動作，其神奇的複雜性令我們驚歎。理性不過是較為晚近的人類才具有的屬性，而且尚未完美到能夠向我們揭示無意識的規律，它要想站穩腳跟，仍然有待來日。

無意識在我們的所有行為中作用巨大，而理性的作用無幾。無意識作為一種仍然不為人知的力量起著作用。

如果我們打算待在狹小而安全的界限之內，利用科學來獲取知識，不想步入模糊的猜測與無用的假設的領地，則我必須要做的事情僅僅是，留心這些我們能夠接觸到的現象，把我們自己限制在對它做些思考。從這些思考中得出的每個結論肯定都是不成熟的，因為在這些我們能夠明確觀察到的現象背後，另有一些我們只能隱約看到的現象，而在它背後，還有一些——我們一無所知的現象。

導言：群體的時代

提要：目前這個時代的演變／文明的大變革是民族思想變化的結果／現代人對群體力量的信念／它改變了歐洲各國的傳統政策／民眾的崛起是如何發生的，他們發揮威力的方式／群體力量的必然後果／除了破壞以外，群體起不到別的作用／衰老的文明解體是群體作用的結果／對群體心理學的普遍無知／立法者和政治家研究群體的重要性

發生在文明變革之前的大動盪，如羅馬帝國的衰亡和阿拉伯帝國的建立，乍看上去，似乎是由政治變化、外敵入侵或王朝的傾覆決定的。但是對這些事

件做些更為細緻的研究，就會發現在它們的表面原因背後，可以普遍看到人民的思想所發生的深刻變化。真正的歷史大動盪，並不是那些以其宏大而暴烈的場面讓我們吃驚的事情。造成文明洗心革面的惟一重要的變化，是影響到思想、觀念和信仰的變化。

令人難忘的歷史事件，不過是人類思想不露痕跡的變化所造成的可見後果而已。這種重大事件所以如此罕見，是因為人類這個物種最穩定的因素，莫過於他世代相傳的思維結構。

目前的時代，便是這種人類思想正經歷轉型過程的關鍵時期之一。

構成這一轉型基礎的是兩個基本因素。首先是宗教、政治和社會信仰的毀滅，而我們文明的所有要素，都根植於這些信仰之中。其次是現代科學和工業的各種發現，創造了一種全新的生存和思想條件。

以往的觀念雖已殘破不全，卻依然有著十分強大的力量，取而代之的觀念仍處於形成的過程之中，現時代呈現為群龍無首的過渡狀態。

這個必然有些混亂的時代最終會演變成什麼樣子，現在還難下斷語。在我們這個社會之後，為社會建立基礎的會是一些什麼觀念？目前我們仍不得而知。但已經十分清楚的是，不管未來的社會是根據什麼路線加以組織，它都必須考慮到一股新的力量。一股最終仍會存在下來的現代至高無上的力量，即群體的力量。

在以往視為當然、如今已經衰落或正在衰落的眾多觀念的廢墟之上，在成功的革命所摧毀的許多權威資源的廢墟之上，這股代之而起的惟一力量，看來不久註定會同其他力量結合在一起。當我們悠久的信仰崩塌消亡之時，當古老的社會柱石一根又一根傾倒之時，群體的勢力便成為惟一無可匹敵的力量，而且它的聲勢還會不斷壯大——我們就要進入的時代，千真萬確將是一個群體的時代。

就在一個世紀之前，歐洲各國的傳統政策和君主之間的對抗，是引起各種事變的主要因素。民眾的意見通常起不了多少作用，或不起任何作用。

如今，卻是通常得到政治承認的各種傳統、統治者的個人傾向及其相互對抗不再起作用了。相反，群眾的聲音已經取得了優勢。正是這個聲音向君主們表明群眾的舉動，使他們的言行必須注意那聲音的內容。目前，鑄就各民族命運的地方，是在群眾的心中，而再也不是在君王們的國務會議上。

民眾的各個階層進入政治生活，現實地說，就是他們日益成為一個統治階層，這是我們這個過渡時期最引人注目的特點。普選權的實行在很長一段時間裡沒有多大影響，因此它不像人們可能認為的那樣，是這種政治權力轉移過程的明確特徵。群眾勢力開始不斷壯大，首先是因為某些觀念的傳播，使它們慢慢地在人們的頭腦中紮根，然後是個人逐漸結為社團，致力於一些理論觀念的實現。

正是通過結社，群體掌握了一些同他們的利益相關的觀念——即便這些利益並不特別正當，卻有著十分明確的界限——並終於意識到了自己的力量。群

眾現在成立了各種聯合會，使一個又一個政權在它面前俯首稱臣。他們還成立了工會，不顧一切經濟規律，試圖支配勞動和工資。他們來到了支配著政府的議會，議員們極為缺乏主動性和獨立性，幾乎總是墮落成不過是那些選出他們的委員會的傳聲筒。

今天，群眾的要求正在變得越來越明確，簡直像是非要把目前存在的整個社會徹底摧毀不可，而所持的觀點與原始共產主義息息相關，但這種共產主義只有在文明露出曙光之前，才是所有人類的正常狀態。限制工作時間，把礦場、鐵路、工廠和土地國有化，平等分配全部產品，為了廣大群眾的利益消滅上層階級等等——這就是這些要求的內容。

群體不善推理，卻急於採取行動。它們目前的組織賦予它們巨大的力量。我們目睹其誕生的那些教條，很快也會具有舊式教條的威力，也就是說，不容討論的——專橫武斷的力量——群眾的神權就要取代國王的神權了。

那些與我們的中產階級情投意合的作家，最好地反映著這些階級較為偏狹的思想、一成不變的觀點、膚淺的懷疑主義以及表現得有些過分的自私。他們因為看到這種新勢力不斷壯大而深感驚恐。為了反抗人們混亂的頭腦，他們向過去被他們嗤之以鼻的教會道德勢力發出了絕望的呼籲。他們向我們談論科學的破產，心懷懺悔轉向羅馬教廷，提醒我們啟示性真理的教誨。這些新的皈依者忘了，現在為時已晚。就算他們真的被神祇所打動，此類措施也不會對那些頭腦產生同樣的影響了，因為他們已不大關心使這些最近的宗教皈依者全神貫注的事情。今天的群眾拋棄了他們的勸說者昨天已經拋棄並予以毀滅的諸神。沒有任何力量，無論是神界的還是人間的，能夠迫使河水流回它的源頭。

科學並沒有破產，科學從來沒有陷進目前這種精神上的無政府狀態，從這種狀態中產生的新勢力也並非它所造成。科學為我們許諾的是真理，或至少是我們的智力能夠把握的一些有關各種關係的知識，它從來沒有為我們許諾過和平或幸福。它對我們的感情無動於衷，對我們的哀怨不聞不問。我們只能設法和科學生活在一起，因為沒有任何力量能夠恢復被它摧毀的幻覺。

在所有國家普遍都能看到的各種信號，向我們證明著群體勢力的迅速壯大，它不理睬我們以為它過不了多久註定停止增長這種一廂情願的想法。無論我們的命運如何，我們必須接受這種勢力。一切反對它的說理，都是徒勞無益的紙上談兵。群眾勢力的出現很可能標誌著西方文明的最後一個階段，它可能倒退到那些混亂的無政府時期，而這是每一個新社會誕生的必然前奏。那麼，能夠阻止這種結果嗎？

迄今為止，徹底摧毀一個破敗的文明，一直就是群眾最明確的任務。這當然不是只有今天才能找到的跡象。歷史告訴我們，當文明賴以建立的道德因素失去威力時，它的最終解體總是由無意識的野蠻群體完成的，他們被不無道理地稱為野蠻人。

創造和領導著文明的，歷來就是少數知識貴族而不是群體。群體只有強大的破壞力。他們的規律永遠是回到野蠻階段。有著複雜的典章制度、從本能狀態進入能夠未雨綢繆的理性狀態的文明，屬於文化的高級階段。群體無一例外地證明，僅靠他們自己，所有這些事情是不可能實現的。

由於群體的力量有著純粹的破壞性，因而他們的作用就像是加速垂危者或死屍解體的細菌。當文明的結構搖搖欲墜時，使它傾覆的總是群眾。只有在這個時刻，他們的主要使命才是清晰可辨的，此時，人多勢眾的原則似乎成了推一的歷史法則。

我們的文明也蘊含著同樣的命運嗎？這種擔心並非沒有根據，但是我們現在還未處在一個能夠做出肯定回答的位置上。

不管情況如何，我們註定要屈從於群體的勢力，這是因為群體的眼光短淺，使得有可能讓它守規矩的所有障礙已經被一一清除。

對於這些正在成為熱門話題的群體，我們所知甚少。專業心理學研究者的生活與它們相距甚遠，對它們視而不見，因此當他們後來把注意力轉向這個方向時，便認為能夠進行研究的只有犯罪群體。犯罪群體無疑是存在的，但我們也會遇到英勇忘我的群體以及其他各種類型的群體。群體犯罪只是他們一種特殊的心理表現。不能僅僅通過研究群體犯罪來瞭解他們的精神構成，這就像不能用描述個人犯罪來瞭解個人一樣。

然而，從事實的角度看，世上的一切偉人，一切宗教和帝國的建立者，一切信仰的使徒和傑出政治家，甚至再說得平庸一點，一票人裡的小頭目、都是不自覺的心理學家，他們對於群體性格有著出自本能但往往十分可靠的瞭解。正是因為對這種性格有正確的瞭解，他們能夠輕而易舉地確立自己的領導地位。拿破崙對他所治理的國家的群眾心理有著非凡的洞察力，但有時他對屬於另一些種族的群體心理，卻完全缺乏瞭解。正是因為出於這種無知，他征討西班牙尤其是俄羅斯，陷入了使自己的力量遭受致命打擊的衝突，這註定會使他在短短的時間內歸於毀滅。

今天，對於那些不想再統治群體（這正在變成一件十分困難的事情），只求不過分受群體支配的政治家，群體心理學的知識已經成了他們最後的資源。

只有對群體心理有一定的認識，才能理解法律和制度對他們的作用是多麼微不足道，才能理解除了別人強加於他們的意見，他們是多麼沒有能力堅持己見。要想領導他們，不能根據建立在純粹平等學說上的原則，而是要去尋找那些能讓他們動心的事情、能夠誘惑他們的東西。

譬如說，一個打算實行新稅制的立法者，應當選擇理論上最公正的方式嗎？他才不會這樣做呢。實際上，在群眾眼裡，也許最不公正的才是最好的。只有既不十分清楚易懂又顯得負擔最小的辦法，才最易於被人們所容忍。因此，間接稅不管多高，總是會被群體所接受，因為每天為日常消費品支付一點稅金，不會干擾群體的習慣，從而可以在不知不覺中進行。

用工資或其他一切收入的比例稅制代替這種辦法，即一次性付出一大筆錢，就算這種新稅制在理論上比別的辦法帶來的負擔小十分之九，仍會引起無數的抗議。造成這種情況的事實是，一筆數目較多、顯得數量很大從而刺激了人們想像力的錢，已經被感覺不到的零星稅金代替了。新稅看起來不重，因為它是一點一點支付的。這種經濟手段涉及到目光長遠的計算，而這是群眾無法做到的。

這是一個最簡單的例子。人們很容易理解它的適用性。它也沒有逃過拿破崙這位心理學家的眼睛。但是我們現代的立法者對群體的特點茫然無知，因而沒有能力理解這一點。經驗至今沒有使他們充分認識到，人們從來不是按純粹理性的教導採取行動的。

群體心理學還有許多其他實際用途。掌握了這門科學，就會對大量的歷史和經濟現象做出最為真切的說明，而離了這門學問，它們就會變得完全不可思議。我將有機會證明，最傑出的現代史學家泰納，對法國大革命中的事件也理解得非常不全面，這是因為他從來沒有想過應當研究一下群體的稟性。

在研究這個極為複雜的時代時，他把自然科學家採用的描述方法作為自己的指南，而自然科學家所研究的現象中幾乎不存在道德因素。然而，構成了歷史的真正主脈的，正是這些因素。因此，只從實踐的角度看，群體心理學就很值得研究。即使完全是出於好奇，也值得對它加以關注。破譯人們的行為動機，就像確定某種礦物或植物的屬性一樣有趣。我們對群體稟性的研究只能算是一種概括，是對我們的研究的一個簡單總結。除了一點建議性的觀點外，對它不必有太多的奢望。別人會為它打下更完備的基礎。今天，我們不過是剛剛觸及到一片幾未開墾的處女地的表層而已。

第一卷

群體的心理

第一章　群體的普遍特徵與群體思維的心理法則

提要：從心理學角度看群體的構成／大量的個人聚集在一起並不足以構成一個群體／群體心理的特徵／群體中個人固有的思想感情發生的變化以及他們個性的消失／群體總是受著無意識因素的支配，大腦活動的消失和脊髓活動的得失，智力的下降和感情的徹底變化／這種變化了的感情，既可以比形成群體的個人的感情更好，也可以比它更糟／群體既易於成為英雄，也易於成為罪犯。

從平常的含義上說，「群體」一詞是指聚集在一起的個人，無論他們屬於什麼民族、職業或性別，也不管是什麼事情讓他們走到了一起。

但是從心理學的角度看，「群體」一詞卻有著完全不同的重要含義。在某些既定的條件下，並且只有在這些條件下，一群人會表現出一些新的特點，它非常不同於組成這一群體的個人所具有的特點。聚集成群的人，他們的感情和思想全都轉到同一個方向，他們自覺的個性消失了，形成了一種集體心理。它無疑是暫時的，然而它確實表現出了一些非常明確的特點。這些聚集成群的人進入一種狀態，因為沒有更好的說法，我姑且把它稱為一個組織化的群體，或換個也許更為可取的說法，一個心理群體。它形成了一種獨特的存在，受群體精神統一律的支配。

不言自明，一些人偶然發現他們彼此站在一起，僅僅這個事實，並不能使他們獲得一個組織化群體的特點。一千個偶然聚集在公共場所的人，沒有任何明確的目標，從心理學意義上說，根本不能算是一個群體。要想具備群體的特徵，得有某些前提條件起作用，我們必須對它們的性質加以確定。

自覺的個性的消失，以及感情和思想轉向一個不同的方向，是就要變成組織化群體的人所表現出的首要特徵，但這不一定總是需要一些個人同時出現在一個地點。有時，在某種狂暴的感情──如因為國家大事──的影響下，成千上萬孤立的個人也會獲得一個心理群體的特徵。

在這種情況下，一個偶然事件就足以使他們聞風而動聚集在一起，從而立刻獲得群體行為特有的屬性。有時，五六個人就能構成一個心理群體，而數千人偶然聚在一起卻不會發生這種現象。另一方面，雖然不可能看到整個民族聚在一起，但在某些影響的作用下，它也會變成一個群體。

心理群體一旦形成，它就會獲得一些暫時而又十分明確的普遍特徵。除了這些普遍特徵以外，它還會有另一些附帶的特徵，其具體表現因組成群體的人而各有不同，並且它的精神結構也會發生改變。因此，對心理群體不難進行分類。當我們深入研究這個問題時就會看到，一個異質性群體（即由不同成分組成的群體）會表現出一些與同質性群體（即由大體相同的成分，如宗派、等級或階層組成的群體）相同的特徵，除了這些共同特徵外，它們還具有一些自身的特點，從而使這兩類群體有所區別。

不過，在深人研究不同類型的群體之前，我們必須先考察一下它們的共同特點。我們將像自然科學家一樣從事這項工作，他們總是先來描述一個族系全體成員的共同特點，然後再著手研究那些使該族系所包含的種類以及有所區別的具體特點。

對群體心理不易做出精確的描述，因為它的組織不僅有種族和構成方式上的不同，而且還因為支配群體的刺激因素的性質和強度而有所不同。不過，個體心理學的研究也會遇到同樣的困難。一個人終其一生性格保持不變的事情，只有在小說裡才能看到。只有環境的單一性，才能造成明顯的性格單一性。

我曾在其他著作中指出，一切精神結構都包含著各種性格的可能性，環境的突變就會使這種可能性表現出來。這解釋了法國國民公會中最野蠻的成員為何原來都是些謙和的公民。在正常環境下，他們會是一些平和的公證人或善良

的官員。風暴過後，他們又恢復了平常的性格，成為安靜而守法的公民。拿破崙在他們中間為自己找到了最恭順的臣民。

這裡不可能對群體強弱不同的組織程度做全面的研究，因此我們只專注於那些已經達到完全組織化階段的群體。這樣我們就會看到群體可以變成什麼樣子，而不是它們一成不變的樣子。只有在這個發達的組織化階段，種族不變的主要特徵才會被賦予某些新特點。這時，集體的全部感情和思想中所顯示出來的變化，就會表現出一個明確的方向。只有在這種情況下，我前面所說的群體精神統一性的心理學規律才開始發生作用。

在群體的心理特徵中，有一些可能與孤立的個人沒有什麼不同，而有一些則完全為群體所特有，因此只能在群體中看到。我們所研究的首先就是這些特徵，以便揭示它們的重要性。

一個心理群體表現出來的最驚人的特點如下：構成這個群體的個人不管是

誰，他們的生活方式、職業、性格或智力不管相同還是不同，他們變成了一個群體這個事實，便使他們獲得了一種集體心理，這使他們的感情、思想和行為變得與他們單獨一人時的感情、思想和行為頗為不同。若不是形成了一個群體，有些閃念或感情在個人身上根本就不會產生，或不可能變成行動。

心理群體是一個由異質成分組成的暫時現象，當他們結合在一起時，就像因為結合成一種新的存在而構成一個生命體的細胞一樣，會表現出一些特點，它們與單個細胞所具有的特點大不相同。

與人們在機智的英國哲學家赫伯特·史賓塞（社會達爾文主義之父，他提出將「適者生存」應用在社會學。一八二〇～一九〇三）筆下發現的觀點相反，在形成一個群體的人群中，並不存在構成因素的總和或它們的平均值。實際表現出來的，是由於出現了新特點而形成的一種組合，就像某些化學元素——如鹼和酸——反應後形成一種新物質一樣，它所具有的特性十分不同於使它得以形成的那些物質。

組成一個群體的個人不同於孤立的個人，要想證明這一點並不困難，然而找出這種不同的原因卻不那麼容易。

要想多少瞭解一些原因，首先必須記住現代心理學所確認的真理：即無意識現象不但在有機體的生活中，而且在智力活動中，都發揮著一種完全壓倒性的作用。與精神生活中的無意識因素相比，有意識因素只起著很小的作用。最細心的分析家和最敏銳的觀察家，充其量也只能找出一點支配他的行為的無意識動機。我們有意識的行為，是主要受遺傳影響而造成的無意識的深層心理結構的產物。這個深層結構中包含著世代相傳的無數共同特徵，它們構成了一個種族先天的稟性。在我們的行為之可予說明的原因背後，毫無疑問隱藏著我們沒有說明的原因，但是在這些原因背後，還有另外許多我們自己一無所知的神秘原因。我們的大多數日常行為，都是我們無法觀察的一些隱蔽動機的結果。

無意識構成了種族的先天稟性，尤其在這個方面，屬於該種族的個人之間是十分相似的，使他們彼此之間有所不同的，主要是他們性格中那些有意識的方面——教育的結果，但更多的是因為獨特的遺傳條件。

人們在智力上差異最大，但他們卻有著非常相似的本能和情感。在屬於情感領域的每一種事情上——宗教。政治、道德、愛憎等等，最傑出的人士很少能比凡夫俗子高明多少。從智力上說，一個偉大的數學家和他的鞋匠之間可能有天壤之別，但是從性格的角度看，他們可能差別甚微或根本沒有差別。

這些普遍的性格特徵，受著我們的無意識因素的支配，一個種族中的大多數普通人在同等程度上具備這些特徵。我認為，正是這些特徵，變成了群體中的共同屬性。在集體心理中，個人的才智被削弱了，從而他們的個性也被削弱了。異質性被同質性所吞沒，無意識的品質占了上風。

群體一般只有很普通的品質，這一事實解釋了它為何不能完成需要很高智力的工作。涉及普遍利益的決定，是由傑出人士組成的議會做出的，但是各行各業的專家並不會比一群蠢人所採納的決定更高明。實際上，他們通常只能用每個普通個人與生俱有的平庸才智，處理手頭的工作——群體中累加在一起的只有愚蠢而不是天生的智慧。

如果「整個世界」指的是群體，那就根本不像人們常說的那樣，整個世界要比伏爾泰（法國啟蒙運動導師一六九四～一七七八）更聰明，倒不妨說伏爾泰比整個世界更聰明。

如果群體中的個人只是把他們共同分享的尋常品質集中在了一起，那麼這只會帶來明顯的平庸，而不會如我們實際說過的那樣，創造出一些新的特點。這些新特點是如何形成的呢？這就是我們現在要研究的問題。

有些不同的原因，對這些為群體所獨有、孤立的個人並不具備的特點起著決定性的作用。

第一個原因，即使僅從數量上考慮，形成群體的個人也會感覺到一種勢不可擋的力量，這使他敢於發洩出自本能的欲望，而在獨自一人時，他是必須對這些欲望加以限制的。他很難約束自己不產生這樣的念頭：群體是個無名氏，因此也不必承擔責任。這樣一來，總是約束著個人的責任感便徹底消失了。

第二個原因，是傳染的現象，也對群體的特點起著決定的作用，同時還決定著它所接受的傾向。傳染雖然是一種很容易確定其是否存在的現象，卻不易解釋清楚。必須把它看做一種催眠方法，下面我們就對此做一簡單的研究。在群體中，每種感情和行動都有傳染性，其程度足以使個人隨時準備為集體利益犧牲他的個人利益。這是一種與他的天性極為對立的傾向，如果不是成為群體的一員，他很少具備這樣的能力。

決定著群體特點的第三個原因，也是最重要的原因，同孤立的個人所表現出的特點截然相反。我這裡指的是易於接受暗示的表現，它也正是上面所說的相互傳染所造成的結果。

要想理解這種現象，就必須記住最近的一些心理學發現。今天我們已經知道，通過不同的過程，個人可以被帶人一種完全失去人格意識的狀態，他對使自己失去人格意識的暗示者惟命是從，會做出一些同他的性格和習慣極為矛盾的舉動。最為細緻的觀察似乎已經證實，長時間融入群體行動的個人，不久就會發現——或是因為在群體發揮催眠影響的作用下，或是由於一些我們無從知道的原因——自己進入一種特殊狀態，它類似於被催眠的人在催眠師的操縱下進入的迷幻狀態。被催眠者的大腦活動被麻痹了，他變成了自己脊椎神經中受催眠師隨意支配的一切無意識活動的奴隸。有意識的人格消失得無影無蹤，意志和辨別力也不復存在。一切感情和思想都受著催眠師的左右。

大體上說，心理群體中的個人也處在這種狀態之中。他不再能夠意識到自己的行為。他就像受到催眠的人一樣，一些能力遭到了破壞，同時另一些能力卻有可能得到極大的強化。在某種暗示的影響下，他會因為難以抗拒的衝動而採取某種行動。群體中的這種衝動，比被催眠者的衝動更難以抗拒，這是因為暗示對群體中的所有個人有著同樣的作用，相互影響使其力量大增。

在群體中，具備強大的個性、足以抵制那種暗示的個人寥寥無幾，因此根本無法逆流而動。他們充其量只能因不同的暗示而改弦易轍。例如，正因為如此，有時只消一句悅耳的言辭或一個被及時喚醒的形象，便可以阻止群體最血腥的暴行。

現在我們知道了，有意識人格的消失，無意識人格的得勢，思想和感情因暗示和相互傳染作用而轉向一個共同的方向，以及立刻把暗示的觀念轉化為行動的傾向，是組成群體的個人所表現出來的主要特點。他不再是他自己，他變成了一個不再受自己意志支配的玩偶。

進一步說，單單是他變成一個有機群體的成員這個事實，就能使他在文明的階梯上倒退好幾步。孤立的他可能是個有教養的個人，但在群體中他卻變成了野蠻人——即一個行為受本能支配的動物。他表現得身不由己，殘暴而狂熱，也表現出原始人的熱情和英雄主義，和原始人更為相似的是，他甘心讓自已被各種言辭和形象所打動，而組成群體的人在孤立存在時，這些言辭和形象根本不會產生任何影響。他會情不自禁地做出同他最顯而易見的利益和最熟悉的習慣截然相反的舉動。一個群體中的個人，不過是眾多沙粒中的一顆，可以被風吹到無論什麼地方。

正是由於這些原因，人們看到陪審團做出了陪審員作為個人不會贊成的判決，議會實施著每個議員個人不可能同意的法律和措施。

法國大革命時期，國民公會的委員們，如果分開來看，都是舉止溫和的開明公民。但是當他們結成一個群體時，卻毫不猶豫地聽命於最野蠻的提議，把完全清白無辜的人送上斷頭臺，並且一反自己的利益，放棄他們不可侵犯的權利，在自己人中間也濫殺無辜。

群體中的個人不但在行動上和他本人有著本質的差別，甚至在完全失去獨立性之前，他的思想和感情就已經發生了變化，這種變化是如此深刻，它可以讓一個守財奴變得揮霍無度，把懷疑論者改造成信徒，把老實人變成罪犯，把懦夫變成豪傑。在一七八九年8月4日那個值得紀念的晚上（編按・指法國大革命），法國的貴族一時激情澎湃，毅然投票放棄了自己的特權，他們如果是單獨考慮這件事，沒有一個人會表示同意。

——從以上討論得出的結論是，群體在智力上總是低於孤立的個人，但是從感情及其激起的行動這個角度看，群體可以比個人表現得更好或更差，這全著環境如何。一切取決於群體所接受的暗示具有什麼性質。這就是只從犯罪角度研究群體的作家完全沒有理解的要點。群體固然經常是犯罪群體，然而它也常常是英雄主義的群體。正是群體，而不是孤立的個人，會不顧一切地慷慨赴難，為一種教義或觀念的凱旋提供了保證；會懷著贏得榮譽的熱情赴湯蹈火；會導致——就像十字軍時代那樣，在幾乎全無糧草和裝備的情況下——向異教徒討還基督的墓地，或者像一七九三年那樣捍衛自己的祖國（編按．指法國大革命成立第一共和國，次年將路易十六送上斷頭台）。這種英雄主義毫無疑問有著無意識的成分，然而正是這種英雄主義創造了歷史。如果人民只會以冷酷無情的方式幹大事，世界史上便不會留下他們多少記錄了。

第二章　群體的感情和道德觀

提要：(1)群體的衝動、易變、易怒和急躁。所有刺激因素都對群體有支配作用，並且它的反應會不停地發生變化／群體不會深思熟慮／種族的影響。(2)群體易受暗示和輕信。群體受暗示的左右／它把頭腦中產生的幻覺當做現實／為何這些幻覺對組成群體的所有個人都是一樣的／群體中有教養的人和無知的人沒有區別／群體中的個人受幻覺支配的實例／史學著作的價值微乎其微。(3)群體情緒的誇張與單純。群體不允許懷疑和不確定／它們的感情總是走極端。(4)群體的偏執、專橫和保守。這些感情的緣由／群體面對強權卑躬屈膝／

一時的革命本能不妨礙他們極端保守／對變化和進步的本能敵視。(5)群體的道德。群體的道德可以比個人高尚或低劣／解釋與實例／群體很少被利益的考慮所左右／群體的道德淨化作用。

在概括地說明了群體的主要特點之後，還要對這些特點的細節進行研究。應當指出，群體的某些特點，如衝動、急躁、易怒、缺乏理性、沒有判斷力和批判精神、誇大感情等等，幾乎總是可以在低級進化形態的生命中看到，例如婦女、野蠻人和兒童。不過這一點我只是順便說說，對它的論證不在本書的範圍之內。再說，這對於熟悉原始人心理的人沒什麼用處，也很難讓對此事一無所知的人相信。

現在我將按部就班地討論一下，可以在大多數群體中看到的不同特點。

一、群體的衝動、易變、易怒和急躁

我們在研究群體的基本特點時曾說，它幾乎完全受著無意識動機的支配。它的行為主要不是受大腦，而是受脊椎神經的影響。在這個方面，群體與原始人非常相似。就表現而言，他們的行動可以十分完美，然而，這些行為並不受大腦的支配，個人是按照他所受到的刺激因素決定自己行動的。

所有刺激因素都對群體有控制作用，並且它的反應會不停地發生變化。群體是刺激因素的奴隸。孤立的個人就像群體中的個人一樣，也會受刺激因素的影響，但是他的大腦會向他表明，受衝動的擺佈是不足取的，因此他會約束自己不受擺佈。這個道理可以用心理學語言表述如下：孤立的個人具有主宰自己的反應行為的能力，群體則缺乏這種能力。

根據讓群體產生興奮的原因，它們所服從的各種衝動可以是豪爽的或殘忍的、勇猛的或懦弱的，但是這種衝動總是極為強烈，因此個人利益，甚至保存生命的利益，也難以支配它們。刺激群體的因素多種多樣，群體總是屈從於這些刺激，因此它也極為多變。這解釋了我們為什麼會看到，它可以在轉眼之間就從最血腥的狂熱變成最極端的寬宏大量和英雄主義。群體很容易做出劊子手的舉動，同樣也很容易慷慨就義。正是群體，為每一種信仰的勝利而不惜血流成河。若想瞭解群體在這方面能做出什麼事情，不必回顧英雄主義時代。它們在起義中從不吝惜自己的生命，就在不久以前，一位突然名聲大噪的將軍（喬治·布朗熱將軍一八三七～一八九一），可以輕而易舉地找到上萬人，只要他一聲令下，他們就會為他的事業犧牲性命。

因此，群體根本不會做任何預先策劃。他們可以先後被最矛盾的情感所激發，但是他們又總是受當前刺激因素的影響。他們就像被風暴捲起的樹葉，向著每個方向飛舞，然後又落在地上。

下面我們研究革命群體時，會舉出一些他們感情多變的事例。

群體的這種易變性使它們難以統治，當公共權力落到它們手裡時尤其如此。一旦日常生活中各種必要的事情不再對生活構成看不見的約束，民主便幾乎不可能持續很久了。此外，群體雖然有著各種狂亂的願望，它們卻不能持久。群體沒有能力做任何長遠的打算或思考。

群體不僅衝動而多變。就像野蠻人一樣，它不準備承認，在自己的願望和這種願望的實現之間會出現任何障礙，它沒有能力理解這種中間障礙，因為數量上的強大使它感到自己勢不可擋。

對於群體中的個人來說，不可能的概念消失了。孤立的個人很清楚，在孤身一人時，他不能焚燒宮殿或洗劫商店，即使受到這樣做的誘惑，他也很容易抵制這種誘惑。但是在成為群體的一員時，他就會意識到人數賦予他的力量，這足以讓他生出殺人劫掠的念頭，並且會立刻屈從於這種誘惑。出乎預料的障礙會被狂暴地摧毀。人類的機體的確能夠產生大量狂熱的激情，因此可以說，願望受阻的群體所形成的正常狀態，也就是這種激憤狀態。

種族的基本特點是我們產生一切情感的不變來源，它也總是會對群體的急躁、它們的衝動和多變產生影響，正像它會影響到我們所研究的一切大眾感情一樣。所有的群體無疑總是急躁而衝動的，但程度卻大不相同。例如拉丁民族的群體和英國人的群體就有十分顯著的差別。最近法國歷史中的事件為這一點提供了生動的說明。

25年前，僅僅是一份據說某位大使受到侮辱的電報被公之於眾，就足以觸犯眾怒，結果是立刻引起了一場可怕的戰爭（編按・指普法戰爭）。幾年後，關於（越南）諒山一次無足輕重的失敗的電文，再次激起人們的怒火，由此導致政府立刻垮臺。就在同時，英國在遠征喀土穆時遭受的一次非常嚴重的失敗，卻只在英國引起了輕微的情緒，甚至大臣都未被解職。任何地方的群體都有些女人氣，拉丁族裔的群體則女人氣最多，凡是贏得他們信賴的人，命運會立刻為之大變。但是這樣做，無一例外地——等於是在懸崖邊上散步，不定哪天必會跌入深淵。

二、群體的易受暗示和輕信

我們在定義群體時說過，它的一個普遍特徵是極易受人暗示，我們還指出了在一切人類集體中暗示的傳染性所能達到的程度；這個事實解釋了群體感情向某個方向的迅速轉變。不管人們認為這一點多麼無足輕重，群體通常總是處在一種期待注意的狀態中，因此很容易受人暗示。最初的提示，通過相互傳染的過程，會很快進入群體中所有人的頭腦，群體感情的一致傾向會立刻變成一個既成事實。

正如所有處在暗示影響下的個人所示，進入大腦的念頭很容易變成行動。無論這種行動是縱火焚燒宮殿還是自我犧牲，群體都會在所不辭。一切都取決於刺激因素的性質，而不再像孤立的個人那樣，取決於受到暗示的行動與全部理由之間的關係，後者可能與採取這種行動極為對立。

於是，群體永遠漫遊在無意識的領地，會隨時聽命於一切暗示，表現出對理性的影響無動於衷的生物所特有的激情，它們失去了一切批判能力，除了極端輕信外再無別的可能。在群體中間，不可能的事不可能存在，要想對那種編造和傳播子虛烏有的神話和故事的能力有所理解，必須牢牢地記住這一點。

一些可以輕易在群體中流傳的神話所以能夠產生，不僅是因為他們極端輕信，也是事件在人群的想像中經過了奇妙曲解之後造成的後果。在群體眾目睽睽之下發生的最簡單的事情，不久就會變得面目全非。群體是用形象來思維的，而形象本身又會立刻引起與它毫無邏輯關係的一系列形象。

我們只要想一下，有時我們會因為在頭腦中想到的任何事實而產生一連串幻覺，就很容易理解這種狀態。我們的理性告訴我們，它們之間沒有任何關係。但是群體對這個事實卻視若無睹，把歪曲性的想像力所引起的幻覺和真實事件混為一談。群體很少對主觀和客觀加以區分。它把頭腦中產生的景象也當做現實，儘管這個景象同觀察到的事實幾乎總是只有微乎其微的關係。

群體對自己看到的事件進行歪曲的方式，好像既多且雜，各不相同，因為組成群體的個人有著非常不同的傾向。但是情況並非如此。作為相互傳染的結果，受到的歪曲是一樣的，在群體中所有個人表現出同樣的狀態。

群體中的某個人對真相的第一次歪曲，是傳染性暗示過程的起點。耶路撒冷牆上的聖喬治出現在所有十字軍官兵面前之前，在場的人中肯定有個人首先感覺到了他的存在。在暗示和相互傳染的推動下，一個人編造的奇蹟，立刻就會被所有的人接受。

歷史中經常出現的這種集體幻覺的機制歷來如此。這種幻覺似乎具備一切公認的真實性特點，因為它是被成千上萬人觀察到的現象。

若想反駁以上所言，沒有必要考慮組成群體的個人的智力品質。這種品質無足輕重。從他們成為群體一員之日始，博學之士便和白癡一起失去了觀察的能力。

這個論點似乎說不太通。若想消除人們的疑慮，必須研究大量的歷史事實，即使寫下好幾本書，也不足以達到這個目的。

但是我不想讓讀者覺得這是些沒有得到證實的主張。因此我要為它舉出幾個實例，它們都是從可以引用的無數事例中隨便挑出來的。

下面是個最典型的實例，因為它來自使群體成為犧牲品的集體幻覺。這些群體中的個人，既有最無知的，也有最有學問的。一名海軍上尉朱利安·菲力克斯在他的《海流》一書中偶爾提到了這件事，《科學雜誌》也曾加以引用。

護航艦「貝勒·波拉」號在外海遊大，想尋找到在一場風暴中與它失散的巡洋艦「波索」號。當時正值陽光燦爛的大白天，值勤兵突然發現了有一艘船隻遇難的信號。船員們順著信號指示的方向望去，所有官兵都清楚地看到一隻載滿了人的木筏被發出遇難信號的船拖著。然而這不過是一種集體幻覺。德斯弗斯上將放下一條船去營救遇難者。在接近目標時，船上的官兵看到「有一大群活著的人，他們伸著手，能夠聽到許多混亂的聲音在哀號。」但是在到達目標時，船上的人卻發現自己不過是找到了幾根長滿樹葉的樹枝，它們是從附近海岸漂過來的。在一目瞭然的事實面前幻覺才消失了。

在這個事例中，可以清楚地看到我們已經解釋過的集體幻覺的作用機制。一方面，我們看到一個在期待中觀望的群體，另一方面是值勤者發現海上有遇難船隻的信號這樣一個暗示。在相互傳染的過程中，這一暗示被當時的全體官兵所接受。

使眼前發生的事情遭到歪曲，真相被與它無關的幻覺所取代——群體中出現這種情況，不一定需要人數眾多。只要幾個人聚集在一起就能形成一個群體，就算他們全是博學之士，在他們的專長之外同樣會表現出群體的所有特點。他們每個人所具有的觀察力和批判精神馬上就會消失。

敏銳的心理學家達維先生為我們提供了一個同這裡的問題有關的非常奇妙的例子，最近的《心理學年鑒》提到了這件事。達維先生把一群傑出的觀察家召集在一起，其中包括英國最著名的科學家之一華萊士先生。在讓他們審查了物體並根據自己的意願做上標記之後，達維先生當著他們的面演示精神現象即靈魂現形的過程，並讓他們把它記錄下來。這些傑出觀察家得到的報告全都同意，他們觀察到的現象只能用超自然的手段獲得。他向他們表示，這不過是簡單的騙術造成的結果。「達維先生的研究中最令人吃驚的特點，」這份文獻的作者說，「不是騙術本身的神奇，而是外行目擊者所提供的報告的極端虛假。」他說，「顯然，甚至眾多目擊者也會列舉出一些完全錯誤的條件關係，但其結論是，假如他們的描述被認為是正確的，他們所描述的現象便不能用騙術來解釋。達維先生發明的方法非常簡單，人們對他竟敢採用這些方法不免感到吃驚。但是他具有支配群體大腦的能力，他能讓他們相信，他們看到了自己並沒有看到的事情。」

這裡我們遇到的仍然是催眠師影響被催眠者的能力。可見，對於頭腦非常嚴謹，事先就要求其抱著懷疑態度的人，這種能力都可以發揮作用，它能輕易讓普通群體上當受騙，也就不足為怪了。

類似的例子還有很多。在我寫下這些文字時，報紙上充斥著兩個小女孩在塞納河溺水身亡的報導。五六個目擊者言之鑿鑿地說，他們認出了這兩個孩子。所有的證詞如出一轍，不容預審法官再有任何懷疑。他簽署了死亡證明。但就在為孩子舉行葬禮時，一個偶然的事件使人們發現，本來以為死了的人仍然還活著，並且她們和溺水而死的人並沒有多少相似之處。就像前面提到的事例一樣，第一個目擊者本人就是幻覺的犧牲品，他的證詞足以對其他的目擊者產生影響。

在這類事情中，暗示的起點一般都是某個人多少有些模糊的記憶所產生的幻覺，在這一最初的幻覺得到肯定之後，就會引起相互傳染。如果第一個觀察者非常沒有主見，他相信自己已經辨認出的屍體，有時會呈現出——除了一切真實的相似處之外——一些特徵，譬如一塊傷疤什麼的，或一些讓其他人產生同感的裝束上的細節。

由此，產生的同感會變成一個肯定過程的核心，它會征服理解力，窒息一切判斷力。觀察者這時看到的不再是客體本身，而是他頭腦中產生的幻象。在舊事重提的報紙所記錄的如下事例中，孩子的屍體竟被自己的母親認錯了，由此可以得到解釋。從這種現象中，肯定能夠找到我剛才已指出其作用的兩種暗示。

另一個孩子認出了這個孩子，但他搞錯了。然後又開始了沒有根據的辨認過程。一件不同尋常的事發生了。在同學辨認屍體的第二天，一個婦女喊道：「天哪，那是我的孩子。」

她走近屍體，觀察他的衣服，又看看他額頭上的傷疤。「這肯定是我兒子，」她說，「他去年七月失蹤。他一定是被人拐走殺害了。」

這女人是福爾街的看門人，姓夏凡德雷。她的表弟也被叫了來。問到他時，他說：「那是小費利貝。」住在這條街上的好幾個人，也認出了在拉弗萊特找到的這孩子是費利貝・夏凡德雷，其中有孩子的同學，他所根據的是那孩子佩帶的一枚徽章。

但是，鄰居、表弟、同學和當媽的全搞錯了。六周後，那孩子的身份得到了確認。他是波爾多人，在那裡被人殺害，又被一夥人運到了巴黎。

應當指出，產生這種誤認的經常是婦女和兒童——即最沒有主見的人。他們也而我們表明，這種目擊者在法庭上會有什麼價值。尤其就兒童而言，絕不能拿他們的證詞當真。地方長官慣於說童言無忌。哪怕他們只有一點基本的心理學修養，他們也會知道，事情恰恰相反，兒童一直就在撒謊。當然，這是一種無辜的謊言，但它仍然是謊言。正像經常發生的情況那樣，用孩子的證詞來決定被告的命運，還不如用扔錢幣的方式來得合理。

還是回到群體的觀察力這個問題上來吧。我們的結論是，他們的集體觀察極可能出錯，大多數時候它所表達的是在傳染過程中影響著同伴的個人幻覺。

各種事實都證明，應當明智地認為群體的證詞極不可靠，它甚至能夠達到無以復加的程度。25年前的色當一役（編按・為普法戰爭之中最具決定性的一場戰役，法軍慘敗、德軍大獲全勝，連拿破崙三世都被俘，淪為階下囚），有數千人參與了著名的騎兵進攻，但是面對那些最為矛盾的目擊者證詞，根本不可能確定誰在指揮這場戰役。英國將軍沃爾斯利爵士在最近的一本書中證明，關於滑鐵盧戰役中一些最重要的事件，至今一直有人在犯下最嚴重的事實錯誤——這是一些由數百人證明過的事實。

這些事實向我們證明了群體的證詞價值何在。討論邏輯學的文章有無數證人的一致同意，因此屬於可以用來支持事實之準確性的最強有力的證明。然而我們的群體心理學知識告訴我們，在這個問題上，討論邏輯的文章需要重寫。受到最嚴重懷疑的事件，肯定是那些觀察者人數最多的事件。說一件事同時被數千個目擊者所證實，這通常也就是說真相與公認的記述相去甚遠。

從以上情況得出的明確結論是，只能把史學著作當做純粹想像的產物。它們是對觀察有誤的事實所做的無根據的記述，並且混雜著一些對思考結果的解釋。寫這樣的東西完全是在虛擲光陰。假如歷史沒有給我們留下它的文學、藝術和不朽之作，我們對以往時代的真相便一無所知。

關於那些在人類歷史上發揮過重大作用的偉大人物的生平，如赫拉克利特、釋迦牟尼或穆罕默德，我們擁有一句真實的記錄嗎？我們極可能一句也沒有。不過實事求是地說，他們的真實生平對我們無關緊要。我們想要知道的，是我們的偉人在大眾神話中呈現出什麼形象。打動群體心靈的是神話中的英雄，而不是一時的真實英雄。

不幸的是，神話雖然被清楚地記錄在書中，它們本身卻無穩定性可言。隨著時光的流逝，尤其是由於種族的緣故，群體的想像力在不斷地改變著它們。《舊約全書》中嗜血成性的耶和華與聖女特蕾莎的上帝有天壤之別，在中國受到崇拜的佛祖，與印度人所尊奉的佛祖其實並沒有多少共同特點。

英雄的神話因為群體的想像力而改變，使英雄離我們而去，也無需數百年的時間。轉變有時就發生在幾年之內。我們在自己這個時代便看到，歷史上最了不起的偉人之一的神話，在不到50年間便改變了數次。在波旁家族的統治下，拿破崙成了田園派和自由主義的慈善家，一個卑賤者的朋友。在詩人眼裡，他註定會長期留存在鄉村人民的記憶之中。30年後，這個步態安詳的英雄又變成了一個嗜血成性的暴君，他在篡奪權力並毀滅了自由之後，僅僅為了滿足自己的野心，便讓三百萬人命喪黃泉。

如今我們看到這個神話又在發生變化。數千年之後，未來的博學之士面對這些矛盾百出的記載，也許會對是否真有過這位英雄表示懷疑，正像現在有些人懷疑釋迦牟尼一樣。從他身上，他們只會看到一個光彩照人的神話或一部赫拉克利特式傳奇的演變。對這種缺乏確定性的情況，他們無疑很容易心安理得，因為和今天的我們相比，他們更明白群體的特點和心理。他們知道除了神話之外，歷史沒有多少保存其他記憶的能力。

三、群體情緒的誇張與單純

群體表現出來的感情不管是好是壞，其突出的特點就是極為簡單而誇張。在這方面，就像許多其他方面一樣，群體中的個人類似於原始人，因為他不能作出細緻的區分，他把事情視為一個整體，看不到它們的中間過渡狀態。群體情緒的誇張也受到另一個事實的強化，即不管什麼感情，一旦它表現出來，通過暗示和傳染過程而非常迅速傳播，它所明確讚揚的目標就會力量大增。

群體情緒的簡單和誇張所造成的結果是，它全然不知懷疑和不確定性為何物。它就像女人一樣，一下子便會陷入（莫名的）極端。懷疑一說出口，立刻就會成為不容辯駁的證據。心生厭惡或有反對意見，如果是發生在孤立的個人身上，不會有什麼力量，若是群體中的個人，卻能立刻變得勃然大怒。

群體感情的狂暴，尤其是在異質性群體中間，又會因責任感的徹底消失而強化。意識到肯定不會受到懲罰——而且人數越多，這一點就越是肯定——以及因為人多勢眾而一時產生的力量感，會使群體表現出一些孤立的個人不可能有的情緒和行動。在群體中間，傻瓜、低能兒和心懷妒忌的人，擺脫了自己卑微無能的感覺，會感覺到一種殘忍、短暫但又巨大的力量。

不幸的是，群體的這種誇張傾向，常常作用於一些惡劣的感情。它們是原始人的本能隔代遺傳的殘留，孤立而負責的個人因為擔心受罰，不得不對它們有所約束。因此群體很容易幹出最惡劣的極端勾當。

不過，這並不意味著群體沒有能力在巧妙的影響之下，表現出英雄主義、獻身精神或最崇高的美德。他們甚至比孤立的個人更能表現出這些品質。當我們研究群體的道德時，我們很快還有機會回到這個話題上來。

群體因為誇大自己的感情，因此它只會被極端感情所打動。希望感動群體的演說家（編按・這是所謂的政治家，其實是政客的慣用伎倆），必須出言不遜，信誓旦旦。誇大其辭。言之鑿鑿、不斷重複、絕對不以說理的方式證明任何事情——這些都是公眾集會上的演說家慣用的論說技巧。

進一步說，對於他們自己的英雄的感情，群體也會做出類似的誇張。英雄所表現出來的品質和美德，肯定總是被群體誇大。早就有人正確地指出，觀眾會要求舞臺上的英雄具有現實生活中不可能存在的勇氣、道德和美好品質。

在劇場裡觀察事物的特殊立場，早就有人正確認識到了它的重要性。這種立場毫無疑問是存在的，但是它的原則與常識和邏輯基本上毫無相同之處。打動觀眾的藝術當然品味低下，不過這也需要特殊的才能。通過閱讀劇本來解釋一齣戲的成功，往往是不可能的。劇院經理在接受一部戲時，他們自己通常並不知道它能否取得成功，因為如果想對這事做出判斷，他們必須能夠把自己變成觀眾。

這裡我們又一次可以做出更廣泛的解釋。我們會說明種族因素的壓倒性影響。一部在某國掀起熱情的歌劇，在另一國卻未獲成功，或只取得了部分的或平常的成功，是因為它沒有產生能夠作用於另一些公眾的影響力。

我沒有必要再補充說，「群體的誇張傾向只作用於感情，對智力不起任何作用。」我已經表明，「個人一旦成為群體的一員，他的智力立刻會大大下降。」一位有學問的官員塔爾德先生，在研究群體犯罪時也證實了這一點。群體僅僅能夠把感情提升到極高和——或相反——極低的境界。

四、群體的偏執、專橫和保守

群體只知道簡單而極端的感情；提供給他們的各種意見、想法和信念，他們或者全盤接受，或者一概拒絕，將其視為絕對真理或絕對謬論。用暗示的辦法加以誘導而不是做出合理解釋的信念，歷來都是如此。與宗教信仰有關的偏執及其對人們的頭腦實行的專制統治，早就為大家所知。

對何為真理何為謬誤不容懷疑，另一方面，又清楚地意識到自己的強大，群體便給自己的理想和偏執賦予了專橫的性質。個人可以接受矛盾，進行討論，群體是絕對不會這樣做的。

在公眾集會上，演說者哪怕做出最輕微的反駁，立刻就會招來怒吼和粗野的叫罵。在一片噓聲和驅逐聲中，演說者很快就會敗下陣來。當然，假如現場缺少當權者的代表這種約束性因素，反駁者往往會被打死。

專橫和偏執是一切類型的群體的共性，但是其強度各有不同。在這個方面，支配著人們感情和思想的基本的種族觀念，會一再表現出來。尤其在拉丁民族的群體中，可以看到專橫和偏執能夠發展到無以復加的地步。事實上，這兩種態度在拉丁民族的群體中的發展，已經徹底破壞了盎格魯·薩克遜人所具有的那種強烈的個人獨立感情。拉丁民族的群體只關心他們所屬宗派的集體獨立性，他們對獨立有獨特的見解，認為必須讓那些與他們意見相左的人立刻強烈反對自己的信念。在各拉丁民族中間，自天主教宗教法庭時代以來，各個時期的雅各賓黨人，對自由從未能夠有另一種理解。

專橫和偏執是群體有著明確認識的感情，他們很容易產生這種感情，而且只要有人在他們中間煽動起這種情緒，他們隨時都會將其付諸實踐。群體對強權俯首貼耳，卻很少為仁慈心腸所動，他們認為那不過是軟弱可欺的另一種形式。他們的同情心從不聽命於作風溫和的主子，而是只向嚴厲欺壓他們的暴君低頭。他們總是為這種人塑起最壯觀的雕像。不錯，他們喜歡踐踏被他們剝奪了權力的專制者，但那是因為在失勢之後他也變成了一介平民。他受到蔑視是因為他不再讓人害怕。群體喜歡的英雄，永遠像個凱撒。他的權杖吸引著他們，他的權力威懾著他們，他的利劍讓他們心懷敬畏。

群體隨時會反抗軟弱可欺者，對強權低聲下氣。如果強權時斷時續，而群體又總是被極端情緒所左右，它便會表現得反復無常，時而無法無天，時而卑躬屈膝。

然而，如果以為群體中的革命本能處在主導地位，那就完全誤解了它們的心理。在這件事上使我們上當的，不過是它們的暴力傾向。它們的反叛和破壞行為的爆發總是十分短暫的，群體強烈地受著無意識因素的支配，因此很容易屈從於世俗的等級制，難免會十分保守。對它們撒手不管，它們很快就會對混亂感到厭倦，本能地變成奴才。當波拿巴壓制了一切自由，讓每個人都對他的鐵腕有切膚之感時，向他發出歡呼的正是那些最桀驁不馴的雅各賓黨人。

如果不考慮群體深刻的保守本能，就難以理解歷史，尤其是民眾的革命。不錯，它們可能希望改朝換代，為了取得這種變革，它們有時甚至發動暴力革命，然而這些舊制度的本質仍然反映著種族對等級制的需要，因此它們不可能得不到種族的服從。群體的多變，只會影響到根表面的事情。其實它們就像原始人一樣，有著堅不可摧的保守本能。它們對一切傳統的迷戀與崇敬是絕對的；它們對一切有可能改變自身生活基本狀態的新事物，有著根深蒂固的無意識恐懼。

在發明紡織機或出現蒸汽機和鐵路的時代，如果民主派掌握著他們今天擁有的權力，這些發明也不可能實現，或至少要付出革命和不斷殺戮的代價。對於文明的進步而言，值得慶幸的是，只是在偉大的科學發明和工業出現之後，群體才開始掌握了權力。

五、群體的道德

如果「道德」一詞指的是持久地尊重一定的社會習俗，不斷抑制私心的衝動，那麼顯然可以說，由於群體太好衝動，太多變，因此它不可能是道德的。相反，如果我們把某些一時表現出來的品質，如捨己為人、自我犧牲、不計名利、獻身精神和對平等的渴望等，也算作「道德」的內容，則我們可以說，群體經常會表現出很高的道德境界。

研究過群體的少數心理學家，只著眼於他們的犯罪行為，在看到經常發生這種行為後，他們得出的結論是，群體的道德水準十分低劣。

這種情況當然經常存在。但為何是這樣呢？這不過是因為我們從原始時代繼承了野蠻和破壞性的本能，它蟄伏在我們每個人的身上。孤立的個人在生活中滿足這種本能是很危險的，但是當他加入一個不負責任的群體時，因為很清楚不會受到懲罰，他便會徹底放縱這種本能。

在生活中，我們不能向自己的同胞發洩這種破壞性本能，便把它發洩在動物身上。群體捕獵的熱情與兇殘，有著同樣的根源。群體慢慢殺死沒有反抗能力的犧牲者，表現出一種十分懦弱的殘忍。不過在哲學家看來，這種殘忍，與幾十個獵人聚集成群用豬犬追捕和殺死一隻不幸的鹿時表現出的殘忍，有著非常密切的關係。

群體可以殺人放火，無惡不作，但是也能表現出極崇高的獻身、犧牲和不計名利的舉動，即孤立的個人根本做不到的極崇高的行為。以名譽、光榮和愛國主義作為號召，最有可能影響到組成群體的個人，而且經常可以達到使他慷慨赴死的地步。像十字軍遠征和一七九三年的志願者那種事例，歷史上比比皆是。只有集體能夠表現出偉大的不計名利和獻身的精神。群體為了自己只有一知半解的信仰、觀念和隻言片語，便英勇地面對死亡，這樣的事例何止千萬！

不斷舉行示威的人群，更有可能是為了服從一道命令，而不是為了增加一點養家糊口的薪水。私人利益幾乎是孤立的個人惟一的行為動機，卻很少成為群體的強大動力。在群體的智力難以理解的多次戰爭中，支配著群體的肯定不是私人利益——在這種戰爭中，他們甘願自已被人屠殺，就像是被獵人施了催眠術的小鳥。

即使在一群罪大惡極的壞蛋中間，經常也會出現這樣的情況，他們僅僅因為是群體中的一員，便會暫時表現出嚴格的道德紀律。泰納指出：讓人們注意一個事實，「九月大屠殺慘案」的罪犯把他們從犧牲者身上找到的錢包和鑽石放在會議桌上，本來他們是很容易把這些東西據為已有的。一八四八年二月革命期間，在佔領杜樂麗宮時呼嘯而過的群眾，並沒有染指那些讓他們興奮不已的物品，而其中的任何一件都意味著多日的麵包。

群體對個人的這種道德淨化作用，肯定不是一種不變的常規，然而它卻是一種經常可以看到的常態。甚至在不像我剛才說過的那樣嚴重的環境下，也可以看到這種情況。

我前面說過，劇院裡的觀眾要求作品中的英雄有著誇張的美德，一般也可以看到，一次集會，即使其成員品質低劣，通常也會表現得一本正經。放蕩不羈的人、拉皮條的人和粗人，在有些危險的場合或交談中，經常會一下子變得細聲細語，雖然與他們習慣了的談話相比，這種場合不會造成更多的傷害。

群體雖然經常放縱自己低劣的本能，他們也不時樹立起崇高道德行為的典範。如果不計名利、順從和絕對獻身於真正的或虛幻的理想，都可算做美德，那就可以說，群體經常具備這種美德，而且它所達到的水準，即使最聰明的哲學家也難以望其項背。

他們當然是在無意識地實踐著這些美德。然而，這無礙大局，我們不該對群體求全責備，說他們經常受無意識因素的左右，不善於動腦筋。在某些情況下，如果他們開動腦筋考慮起自己的眼前利益，我們這個星球根本就不會成長出文明，人類也不會有自己的歷史了。

第三章　群體的觀念、推理與想像力

提示：(1)群體的觀念。基本觀念和次要觀念／相互矛盾的觀念為何能夠並存／高深的觀念必須經過改造才能被群眾所接受／觀念的社會影響與它是否包含真理無關。(2)群體的理性。群體不受理性的影響／群體只有十分低下的推理能力。它所接受的觀念只有表面上的相似性或連續性。(3)群體的想像力。群體有著強大的想像力／群體只會形象思維，這些形象之間沒有任何邏輯關係／群體易受神奇事物的感動，神奇事物是文明的真正支柱／民眾的想像力是政客的權力基礎／能夠以事實觸發群體想像力的方式。

一、群體的觀念

我們在前一本著作研究群體觀念對各國發展的影響時已經指出，每一種文明都是屈指可數的幾個基本觀念的產物，這些觀念很少受到革新。我們說明了這些觀念在群體心中是多麼根深蒂固，影響這一過程是多麼困難，以及這些觀念一旦得到落實所具有的力量。最後我們又說，歷史大動盪就是這些基本觀念的變化所引發的結果。

我們已經用大量篇幅討論過這個問題，因此我現在不想舊話重提。這裡我只簡單談談群體能夠接受的觀念這一問題，以及他們領會這些觀念的方式。

這些觀念可以分為兩類。一類是那些困一時的環境影響來去匆匆的觀念，譬如那些只會讓個人或某種理論著迷的觀念。另一類是基本觀念，它們因為環境、遺傳規律和公眾意見而具有極大的穩定性。過去的宗教觀念，以及今天的社會主義和民主觀念，都屬於這類觀念。

如今，被我們的父輩視為人生支柱的那些偉大的基本觀念，正在搖搖欲墜。它們的穩定性已喪失殆盡，同時，建立於其上的制度也受到了嚴重的動搖。每天都在形成大量我剛才說過的那種過眼雲煙一般的觀念，但是看來它們很少具有生命力並很少能夠發揮持久的影響。

給群體提供的無論是什麼觀念，只有當它們具有絕對的、毫不妥協的和簡單明瞭的形式時，才能產生有效的影響。因此它們都會披上形象化的外衣，也只有以這種形式，它們才能為群眾所接受。在這些形象化的觀念之間，沒有任何邏輯上的相似性或連續性，它們可以相互取代，就像操作者從幻燈機中取出一張又一張疊在一起的幻燈片一樣。這解釋了為什麼能夠看到最矛盾的觀念在群體中同時流行。隨著時機不同，群體會處在它的理解力所及的不同觀念之一的影響之下，因此能夠幹出大相徑庭的事情。群體完全缺乏批判精神，因此也察覺不到這些矛盾。

這種現象並不是群體所特有的。許多孤立的個人，不只是野蠻人，而且還包括在智力的某個方面接近於原始人的所有人。例如，宗教信仰上的狂熱宗派成員，在他們身上都可以看到這種現象。我曾看到，在我們歐洲大學裡受過教育並拿到了文憑的有教養的印度人，就令人費解地表現出這種現象。一部分西方觀念被附著於他們一成不變的、基本的傳統觀念或社會觀念之上。根據不同的場合，這一套或那一套觀念就會表現出來，並伴之以相應的言談舉止，這會讓同一個人顯得極為矛盾。不過，這些矛盾與其說真正存在，不如說只是一種表面現象。因為只有世代相傳的觀念才能對孤立的個人產生足夠的影響，變成他的行為動機。只有當一個人因為不同種族的通婚而處在不同的傳統傾向中間時，他的行為才會真正不時表現得截然對立。這些現象雖然在心理學上十分重要，不過在這裡糾纏它們並無益處。我的意見是，要想充分理解它們，至少要花上十年時間周遊各地進行觀察。

觀念只有採取簡單明瞭的形式，才能被群體所接受，因此它必須經過一番徹底的改造，才能變得通俗易懂。當我們面對的是有些高深莫測的哲學或科學觀念時，我們尤其會看到，為了適應群體低劣的智力水準，對它們需要進行多麼深刻的改造。這些改造取決於群體或群體所屬的種族的性質，不過其一般趨勢都是觀念的低俗化和簡單化。這解釋了一個事實，即從社會的角度看，現實中很少存在觀念的等級制，也就是說，很少存在著有高下之分的觀念。一種觀念，不管它剛一出現時多麼偉大或正確，它那些高深或偉大的成分，僅僅因為它進入了群體的智力範圍並對它們產生影響，便會被剝奪殆盡。

不過從社會的角度看，一種觀念的等級價值，它的固有價值並不重要，必須考慮的是它所產生的效果。中世紀的基督教觀念，上個世紀的民主觀念，或今天的社會主義觀念，都算不上十分高明。從哲學的角度考慮，它們只能算是一些令人扼腕的錯誤，但是它們的威力卻十分強大，在未來很長一段時間裡，它們將是決定各國行動的最基本因素。

甚至當一種觀念經過了徹底的改造，使群體能夠接受時，它也只有在進入無意識領域，變成一種情感——這需要很長的時間——時才會產生影響，其中涉及到的各種過程，我們將在下文予以討論。

切莫以為，一種觀念會僅僅因為它正確，便至少能在有教養者的頭腦中產生作用。只要看一下最確鑿的證據對大多數人的影響多麼微不足道，立刻就可以搞清楚這個事實。十分明顯的證據，也許會被有教養的人所接受，但是信徒很快就會被他的無意識的自我重新帶回他原來的觀點。人們將看到，過不了幾天他便會故態復萌，用同樣的語言重新提出他過去的證明。實際上他仍處在以往觀念的影響之下，它們已經變成了一種情感；只有這種觀念影響著我們的言行舉止最隱秘的動機。群體中的情況也不會例外。

當觀念通過不同的方式，終於深入到群體的頭腦之中並且產生了一系列效果時，和它對抗是徒勞的。引發法國大革命的那些哲學觀念，花了將近一個世紀才深入群眾的心中。一旦它們變得根深蒂固，其不可抗拒的威力盡人皆知。整個民族為了社會平等、為了實現抽象的權利和理想主義自由而做的不懈追

求，使所有的王室都搖搖欲墜，使西方世界陷入深刻的動盪之中。在20年的時間裡，各國都內證不已，歐洲出現了甚至連成吉思汗看了也會心驚膽戰的大屠殺。世界還從未見過因為一種觀念的傳播而引起如此大規模的悲劇性後果。

讓觀念在群眾的頭腦裏紮根需要很長時間，而根除它們所需要的時間也短不了多少。因此就觀念而言，群體總是落後於博學之士和哲學家好幾代人。今天所有的政客都十分清楚，我剛才提到的那些基本觀念中混雜著錯誤，然而由於這些觀念的影響力依然十分強大，他們也不得不根據自己已經不再相信的真理中的原則進行統治。

二、群體的理性

不能絕對地說，群體沒有理性或不受理性的影響。

但是它所接受的論證，以及能夠對它產生影響的論證，從邏輯上屬於十分拙劣的一類，因此把它們稱為推理，只能算是一種比喻。

就像高級的推理一樣，群體低劣的推理能力也要借助於觀念。不過，在群體所採用的各種觀念之間，只存在著表面的相似性或連續性。群體的推理方式類似於愛斯基摩人的方式，他們從經驗中得知，冰這種透明物質放在嘴裡可以融化，於是認為同樣屬於透明物質的玻璃，放在嘴裡也會融化；他們又像一些野蠻人，以為吃下驍勇敵手的心臟，便得到了他的膽量；或是像一些受雇主剝削的苦力，立刻便認為天下所有雇主都在剝削他們的人。

群體推理的特點，是把彼此不同，只在表面上相似的事物攪在一起，並且立刻把具體的事物普遍化。知道如何操縱群體的人，給他們提供的也正是這種論證。它們是能夠影響群體的惟一推理方法。邏輯推理對群體來說完全是不能理解的，因此不妨說，他們並不推理或只會錯誤的推理（極端），也不受推理過程的影響。讀讀某些演說詞，其中的弱點經常讓人感到驚訝，但是它們對聽眾卻有巨大的影響。人們忘記了一點，它們並不是讓哲學家閱讀的，而是用來說服集體的。

同群體有密切交往的演說家，能夠在群體中激發出對他們有誘惑力的形象。只要他成功地做到了這一點，他便達到了自己的目的。二十本滔滔不絕的長篇論證——它們總是認真思考的產物——還不如幾句能夠對它試圖說服的頭腦有號召力的話。

沒有必要進一步指出，群體沒有推理能力，因此它也無法表現出任何批判精神，也就是說，它不能辨別真偽或對任何事物形成正確的判斷。群體所接受的判斷，僅僅是強加給它們的判斷，而絕不是經過討論後得到採納的判斷。在這方面，也有無數的個人比群體水準高明不了多少。有些意見輕而易舉就得到了普遍贊同，更多地是因為大多數人感到，他們不可能根據自己的推理形成自己的獨特看法。

三、群體的想像力

正像缺乏推理能力的人一樣，群體形象化的想像力不但強大而活躍，並且非常敏感。一個人、一件事或一次事故在他們頭腦中喚起的形象，全都栩栩如生。從一定意義上說，群體就像個睡眠中的人，他的理性已被暫時懸置，因此他的頭腦中能產生出極鮮明的形象，但是只要他能夠開始思考，這種形象也會迅速消失。既然群體沒有思考和推理能力，因此它們不認為世上還有做不到的事情。一般而言它們也會認為，最不可能的事情便是最驚人的事情。一個事件中不同尋常的、傳奇式的一面會給群體留下特別深刻的印象，原因便在於此。

實際上，分析一下一種文明就會發現，使它得以存在的真正基礎，正是那些神奇的、傳奇般的內容。在歷史上，表象總是比真相起著更重要的作用，不現實的因素總是比現實的因素更重要。

只會形象思維的群體，也只能被形象所打動。只有形象能吸引或嚇住群體，成為它們的行為動機。

因此，最能活靈活現反映人物形象的戲劇表演，總是對群體有巨大的影響。在羅馬民眾的眼裡，麵包和宏大壯觀的表演構成了幸福的理想，他們再無所求。在此後的所有時代裡，這種理想很少改變。對各種群體的想像力起作用的莫過於戲劇表演。所有觀眾同時體驗著同樣的感情，這些感情沒有立刻變成行動，不過是因為最無意識的觀眾也不會認識不到，他不過是個幻覺的犧牲品，他的笑聲與淚水，都是為了那個想像出來的離奇故事。然而，有時因為形象的暗示而產生的感情卻十分強烈，因此就像暗示通常所起的作用一樣，它們傾向於變成行動。

這類故事我們時有所聞：大眾劇場的經理僅僅因為上演了一齣讓人情緒低沉的戲，便不得不在扮演叛徒的演員離開劇院時為他提供保護，以免受到那些對叛徒的罪惡義憤填膺的觀眾的粗暴攻擊，儘管那罪行不過是想像的產物。我認為，我們在這裡看到的是群體心理狀態，尤其是對其施以影響的技巧之最顯著的表現。虛幻的因素對他們的影響幾乎像現實一樣大。他們有著對兩者不加區分的明顯傾向。

侵略者的權力和國家的威力，便是建立在群體的想像力上的。在領導群體時，尤其要在這種想像力上狠下功夫。所有重大的歷史事件，佛教、基督教和伊斯蘭教的興起，宗教改革，法國大革命，以及我們這個時代社會主義的崛起，都是因為對群體的想像力產生強烈影響所造成的直接或間接的後果。

此外，所有時代和所有國家的偉大政客，包括最專橫的暴君，也都把群眾的想像力視為他們權力的基礎，他們從來沒有設想過通過與它作對而進行統治。拿破崙對國會說：「我通過改革天主教，終止了旺代戰爭（編按・指法國大革命時，發生的保皇黨起義），通過變成個穆斯林教徒，在埃及站住了腳，通過成為一名信奉教皇至上的人，贏得了義大利神父的支持，如果我去統治一個猶太人的國家，我也會重修所羅門的神廟。」自從亞歷山大和凱撒以來，大概從來沒有一個偉大的人物。

更好地瞭解怎樣影響群眾的想像力。他始終全神貫注的事情，就是強烈地作用於這種想像力。在勝利時，在屠殺時，在演說時，在自己的所有行動中，他都把這一點牢記在心中。直到他躺在床上就要咽氣時，依然對此念念不忘。

如何影響群眾的想像力呢？我們很快就會知道。這裡我們只需說明，要想掌握這種本領，萬萬不可求助於智力或推理，也就是說，絕對不可以建用論證的方式。安東尼讓民眾反對謀殺凱撒的人，採用的辦法並不是機智的說理，而是讓民眾意識到他的意志，是用手指著凱撒的屍體。

不管刺激群眾想像力的是什麼，採取的形式都是令人吃驚的鮮明形象，並且沒有任何多餘的解釋，或僅僅伴之以幾個不同尋常或神奇的事實。有關的事例是一場偉大的勝利、一種大奇蹟。大罪惡或大前景。事例必須擺在作為一個整體的群眾面前，其來源必須秘不示人。上千次小罪或小事件，絲毫也不會觸動群眾的想像力，而一個大罪或大事件卻會給他們留下深刻的印象，即使其後果造成的危害與一百次小罪相比不知小多少。

就是幾年前，流行性感冒僅在巴黎一地便造成了五千人的死亡，但是它對民眾的想像力幾乎沒有任何影響。原因在於，這種真實的大規模死亡沒有以某個生動的形象表現出來，而是通過每週發佈的統計信息知道的。相反，如果一次事件造成的死亡只有五百人而不是五千人，但它是在一天之內發生於公眾面前，是一次極其引人矚目的事件，譬如說是因為艾菲爾鐵塔轟然倒塌，就會對群眾的想像力產生重大影響。

人們因為得不到相關的消息，以為一艘穿越大西洋的汽輪可能已在大洋中沉沒，此事對群眾想像力的影響整整持續了一周。但是官方的統計表明，僅僅一八九四年一年，就有850條船和203艘汽輪失事。以造成的生命和財產損失而論，一它們比那次大西洋航線上的失事嚴重得多，而群眾在任何時候都沒有關心過這些接連不斷的失事。

影響民眾想像力的，並不是事實本身，而是它們發生和引起注意的方式。如果讓我表明看法的話，我會說，必須對它們進行濃縮加工，它們才會形成一種令人瞠目結舌的驚人形象。掌握了影響群眾想像力的藝術，也就掌握了統治他們的藝術。

第四章　群體信仰所採取的宗教形式

提要：宗教感情的意義／它不取決於對某個神的崇拜／它的特點／信念的強大是因為它採取了宗教的形式／不同的例子／民眾的上帝從未消失／宗教感情復活所採取的新形式／宗教形式的無神論／從歷史角度看這些現象的重要性／歷史上的大事件都是群體宗教感情而非孤立的個人意志的結果。

我們已經證明，群體並不進行推理，它對觀念或是全盤接受，或是完全拒絕；對它產生影響的暗示，會徹底征服它的理解力，並且使它傾向於立刻變成行動。我們還證明，對群體給予恰當的影響，它就會為自己所信奉的理想慷慨赴死。我們也看到，它只會產生狂暴而極端的情緒，同情心很快就會變成崇拜，而一旦心生厭惡，也幾乎立刻會變為仇恨。這些一般性解釋，已經為我們揭示了群體信念的性質。

在對這些信念做出更為細緻的考察時，顯然還會發現，不論是在有著狂熱宗教信仰的時代，還是發生了政治大動盪的時代——例如，上個（十八）世紀的狀況——它們總是採取一種特殊的形式，我除了把它稱為宗教感情之外，再沒有更好的稱呼。

這種感情有著十分簡單的特點，比如對想像中某個高高在上者的崇拜，對生命賴以存在的某種力量的畏懼，盲目服從它的命令，沒有能力對其信條展開討論，傳播這種信條的願望，傾向於把不接受它們的任何人視為仇敵。這種感情所涉及的不管是一個看不見的上帝、一具木頭或石頭偶像，還是某個英雄或政治觀念，只要它具有上述特點，它便總是有著宗教的本質。可以看到，它還會在同等程度上表現出超自然和神秘的因素。群體下意識地把某種神秘的力量等同於一時激起他們熱情的政治信條或獲勝的領袖。

一個人如果只崇拜某個神，他還算不上有虔誠的信仰，只有當他把自己的一切思想資源、一切自願的服從行為、發自肺腑的幻想熱情，全部奉獻給一項事業或一個人，將其作為自己全部思想和行動的目標與準繩時，才能夠說他是個虔誠的人。

偏執與妄想是宗教感情的必然伴侶。凡是自信掌握了現世或來世幸福秘密的人，難免都會有這樣的表現。當聚集在一起的人受到某種信念的激勵時，在他們中間也會發現這兩個特點。恐怖統治時代的雅各賓黨人，骨子裡就像宗教法庭時代的天主教徒一樣虔誠，他們殘暴的激情也有著同樣的來源。

群體的信念有著盲目服從、殘忍的偏執以及要求狂熱的宣傳等等這些宗教感情所固有的特點，因此可以說，他們的一切信念都具有宗教的形式。受到某個群體擁戴的英雄，在這個群體看來就是一個真正的神。

拿破崙當了15年這樣的神，一個比任何神都更頻繁地受到崇拜、更輕鬆地把人置於死地的神。基督教的神和異教徒的神，對處在他們掌握中的頭腦，也從未實行過如此絕對的統治。

一切宗教或政治信條的創立者所以能夠立住腳，皆因為他們成功地激起了群眾想入非非的感情，他們使群眾在崇拜和服從中，找到了自己的幸福，隨時準備為自己的偶像赴湯蹈火。這在任何時代概無例外。

德・庫朗熱（法國歷史學家）在論述羅馬高盧人的傑作中正確指出，維持著羅馬帝國的根本不是武力，而是它所激發出的一種虔誠的讚美之情。他正確地寫道，「一種在民眾中受到憎惡的統治形式，竟能維持了五個世紀之久，世界史上還不曾有過類似的現象……帝國的區區30個軍團，如何能讓一億人俯首貼耳，這真是不可思議。」他們服從的原因在於，皇帝是羅馬偉業的人格化象徵，他就像神一樣受到了全體人民的一致崇拜。在他的疆域之內，即使最小的城鎮也沒有膜拜皇帝的祭壇。

「當時，從帝國的一端到另一端，到處都可以看到一種新宗教的興起，它的神就是皇帝本人。在基督教以前的許多年裡，60座城市所代表的整個高盧地區，都建起了和里昂城附近的廟宇相似的紀念奧古斯都皇帝的神殿……其祭司由統一的高盧城市選出，他是當地的首要人物……把這一切歸因於畏懼和奴性是不可能的。整個民族不可能全是奴隸，尤其不可能是長達三個世紀的奴隸。崇拜君主的並不是那些廷臣，而是羅馬；不僅僅是羅馬，還有高盧地區、西班牙、希臘和亞洲。」

大多數支配著人們頭腦的大人物，如今已經不再設立聖壇，但是他們還有雕像，或者他們的讚美者手裡有他們的畫像，以他們為對象的崇拜行為，和他們的前輩所得到的相比毫不遜色。只要深入探究一下群眾心理學的這個基本問題，即可破解歷史的奧秘。群眾不管需要別的什麼，他們首先需要一個上帝。

千萬不可以認為，這些事情不過是過去時代的神話，早已被理性徹底清除。在同理性永恆的衝突中，失敗的從來就不是感情。群眾固然已經聽不到神或宗教這種詞，過去，正是以它們的名義，群眾長期受著奴役。但是在過去一百年裡，他們從未擁有過如此多的崇拜對象，古代的神也無緣擁有這樣多受到崇拜的塑像。近年研究過大眾運動的人知道，在布朗熱主義的旗號下，群眾的宗教本能是多麼容易復活。在任何一家鄉村小酒館裡，都會找到這位英雄的畫像。他被賦予匡扶正義剷除邪惡的全權，成千上萬的人會為他獻出生命。如果他的性格與他傳奇般的名望不相上下，他肯定能在歷史上佔據偉人的地位。

由此可見，斷言群眾需要宗教，實在是十分無用的老生常談，因為一切政治、神學或社會信條，要想在群眾中紮根，都必須採取宗教的形式——能夠把危險的討論排除在外的形式。即便有可能使群眾接受無神論，這種信念也會表現出宗教情感中所有的偏執狂，它很快就會表現為一種崇拜。實證主義者這個小宗派的演變，為我們提供了一個不尋常的例證。同陽斯安耶夫斯基這位深刻思想家的名字聯繫在一起的虛無主義者，發生在他們身上的事情，很快也會發生在實證主義者身上。他在某一天受到理性之光的啟發，撕碎了小教堂祭壇上一切神仙和聖人的畫像，他吹滅蠟燭，立刻用無神論哲學家——如畢希納（德國醫生、哲學家）和莫勒蕭特（德國哲學家。兩人都是庸俗唯物主義的代表）的著作代替了那些被破壞的物品，然後他又虔誠地點燃了蠟燭。他的宗教信仰的對象變了，然而真能說他的宗教感情也變了嗎？

我要再說一遍，除非我們研究群體信念長期採取的宗教形式，便不可能理解一些肯定十分重要的歷史事件。對某些社會現象的研究，更需要著眼於心理學的角度，而不是自然主義的角度。史學家泰納只從自然主義角度研究法國大革命，因此他往往看不到一些事件的起源。他對事實有充分的討論，然而從研究群體心理學的要求看，他並不總是能夠找出大革命的起因。事件中血腥、混亂和殘忍的一面讓他感到驚恐，但是他從那部偉大成劇的英雄身上，很少能夠看到還有一群顛狂的野蠻人肆意妄為，對自己的本能絲毫不加約束。這場革命的爆烈，它的肆意屠殺，它對宣傳的需要，它向一切事物發出的戰爭宣言，只有當認識到這場革命不過是一種新宗教信仰在群眾中的建立時，才會得到恰當的解釋。

宗教改革、聖巴托洛繆的大屠殺個法國的宗教戰爭，宗教法庭、恐怖時期，都屬於同類現象，都是受宗教感情激勵的群眾所為，凡是懷有這種感情的人，必然會用火與劍去清除那些反對建立新信仰的人。宗教法庭的辦法，是一切有著真誠而不屈信念的人所採用的辦法。假如他們採用了別的辦法，他們的信念也就不該得到這樣的評語了。

像我剛才提到的這些大事件，只有在群眾的靈魂想讓它們發生時，它們才有可能發生。即使最絕對的專制者也無法造成這種事件。當史學家告訴我們聖巴托洛繆大屠殺慘案是一個國王所為時，他們對群體心理表現得和君王們一樣無知。這種命令只能由群體的靈魂來貫徹。握有最絕對權力的最專制的君主，充其量只能加快或延緩其顯靈的時間。基巴托洛繆慘案或宗教戰爭，並不完全是國王們所為，就像恐怖統治不完全是羅伯斯庇爾、丹東或聖茹斯特所為一樣。在這些事件的深處，總可以找到的絕不是統治者的權力，而是群體靈魂的運作。

第二卷

群體的意見與信念

第一章　群體的意見和信念中的間接因素

提要：群體信念的準備性因素。(1)種族。它的影響至關重要。(2)傳統。種族精神的綜合反映／傳統的社會意義／它在失去必要性後會成為有害因素／群體是傳統最堅定的維護者。(3)時間。它建立信念，也毀滅信念／在時間的幫助下從無序走向有序。(4)政治和社會制度。錯誤的認識／它們的影響力甚小／各民族不能選擇自己視為最好的制度／相同的制度名稱下掩蓋著最不相同的東西理論上不好的制度，對某些民族卻是必要的。(5)教育。關於教育影響群眾的錯誤觀點／統計學上的說明／拉丁民族的教育制度對道德的破壞作用／不同民族所提供的事例。

在研究過群體的精神結構之後，我們瞭解了它的感情、思維和推理方式，現在讓我們來看看它的意見和信念是如何形成的。

決定著這些意見和信念的因素分為兩類：間接因素和直接因素。

「間接因素」是指這樣一些因素，它能夠使群體接受某些信念，並且使其再也難以接受別的信念。這些因素為以下情況的出現準備了基礎：突然會冒出來一些威力與結果都令人吃驚的新觀念，雖然它們的自發性不過是一種表象。某些觀念的爆發並被付諸行動，有時看起來顯得十分突然。然而這只是一種表面結果，在它背後肯定能夠找到一種延續良久的準備性力量。

「直接因素」是指這樣一些因素，隨著上述長期性準備工作的延續，它們能夠成為實際說服群體的資源，不過，若是沒有那種準備性工作，它們也不會發生作用。這就是說，它們是使觀念採取一定形式並且使它能夠產生一定結果的因素。集體突然開始加以貫徹的方案，就是由這種直接因素引起的。一次騷亂的爆發，或一個罷工決定，甚至民眾授予某人權力去推翻政府，都可歸因於這種因素。

在所有重大歷史事件中，都可以發現這兩種因素相繼發生作用。這裡僅以一個最令人震驚的事件為例，法國大革命的間接因素包括哲學家的著作、貴族的苛捐雜稅以及科學思想的進步。有了這些準備，群眾的頭腦便很容易被演說家的演講以及朝廷用不疼不疼的改良進行的抵抗所激怒。

有些間接因素具有普遍性，可以看出，它們是群體一切信念和意見的基礎。這些因素就是種族、傳統、時代、各種典章制度和教育。

現在，我們就來研究一下這些不同因素的影響。

一、種族

種族的因素必須被列在第一位，因為它本身的重要性遠遠超過其他因素。我在前一本著作中曾對它有過充分的研究，故無須再做詳細的討論。在前一本著作中，我們說明了一個歷史上的種族有什麼特點，以及它一旦形成了自己的稟性，作為遺傳規律的結果，它便具有了這樣的力量，它的信仰、制度和藝術，總之，它文明中的一切成分，僅僅是它的氣質的外在表現。我們指出，種族的力量具有這樣的特點，沒有任何要素在從一個民族傳播給另一民族時，不會經歷深刻的變化。

環境和各種事件代表著一時的社會暗示性因素，它們可能有相當大的影響，但這種影響如果與種族的暗示因素對立，換言之，如果它與一個民族世代繼承下來的因素相反，它便只能是暫時的。

我們在本書下面的一些章節裡，還會不時觸及種族的影響，我們會說明，這種影響是如此強大，它決定著群體氣質的特徵。這一事實造成的後果是，不同國家的群體表現出相當不同的信念和行為，受到影響的方式也各不相同。

二、傳統

傳統代表著過去的觀念、欲望和感情。它們是種族綜合作用的產物，並且對我們發揮著巨大影響。

自從胚胎學證明了過去的時間對生物進化的巨大影響以後，生物科學便發生了變化；如果這種理論更加廣為人知，歷史科學想必也會出現類似的變化。然而目前它尚未得到足夠廣泛的普及，許多政客同上個世紀的學究們相比，仍然高明不了多少，他們相信社會能夠和自己的過去決裂，完全遵照理性之光所指引的惟一道路前進。

民族是在歷史中形成的一個有機體，因此就像其他有機體一樣，它只能通過緩慢的遺傳積累過程發生變化。

支配著人們的是傳統，當他們形成群體時，就更是如此。他們能夠輕易地給傳統造成的變化，如我一再指出的那樣，僅僅是一些名稱和外在形式而已。

對這種狀況不必感到遺憾。脫離了傳統不管民族氣質還是文明，都不可能存在。因此自有人類以來，它便一直有著兩大關切：一、是建立某種傳統結構，二、是當有益的成果已變得破敗不堪時，人類社會便努力摧毀這種傳統。

沒有傳統，文明是不可能的；沒有對這些傳統的破壞，進步也是不可能的。困難——這是個極嚴重的困難——在於如何在穩定與求變之間取得平衡。如果一個民族使自己的習俗變得過於牢固，它便不會再發生變化，於是就像中國一樣，變得沒有改進能力。在這種情況下，暴力革命也沒多少用處，因為由此造成的結果，或者是打碎的鎖鏈被重新拼接在一起，讓整個過去原封不動地再現，或者是對被打碎的事物撇手不管，衰敗很快被無政府狀態所取代。

因此，對於一個民族來說，理想的狀態是保留過去的制度，只用不易察覺的方式一點一滴地加以改進。這個理想不易實現。使它變成現實的幾乎只有古羅馬人和近代英國人。

死抱著傳統觀念不放，極其頑固地反對變革傳統觀念的，正是群體。有地產的群體更是如此。我堅持認為群體具有保守主義精神，並且指出，最狂暴的反叛最終也只會造成一些嘴皮子上的變化。

上個世紀末，教堂被毀，僧侶們或是被驅逐出國，或是死於斷頭臺，人們也許認為，舊日的宗教觀念已經威力盡失。但是沒過幾年，為了順應普遍的要求，遭禁的公開禮拜制度便又建立起來了。

被暫時消滅的舊傳統，又恢復了昔日的影響。

沒有任何事例能更好地反映傳統對群體心態的威力。最不受懷疑的偶像，並不住在廟堂之上，也不是宮廷裡那些最專制的暴君，他們轉瞬之間就可以被人打碎。支配著我們內心最深處的自我的，是那些看不見的主人，它可以安全地避開一切反叛，只能在數百年的時間裡被慢慢地磨損。

三、時間

時間對於社會問題就像對生物學問題一樣，是最有力的因素之一。

它是惟一的真正創造者，也是惟一的偉大毀滅者。積土成山要靠時間，從地質時代模糊難辨的細胞到產生出高貴的人類，靠的也是時間。數百年的作用足以改變一切固有的現象。人們正確地認為，如果螞蟻有充足的時間，它也能把勃朗峰夷為平地。如果有人掌握了隨意改變時間的魔法，他便具有了信徒賦予上帝的權力。

不過，這裡我們只來討論時間對群體形成意見的影響。從這個角度看，它也有著巨大的作用。一些重大的要素，譬如種族，也取決於它，沒有它便無法形成。它引起一切信仰的誕生、成長和死亡。它們獲得力量靠的是時間，失去力量也是因為時間。

具體而言，群體的意見和信念是由時間裝備起來的，或者它至少為它們準備了生長的土壤。一些觀念可實現於一個時代，卻不能實現於另一個時代，原因就在這裡。是時間把各種信仰和思想的碎屑堆積成山，從而使某個時代能夠產生出它的觀念。這些觀念的出現並不是像擲骰子一樣全憑運氣，它們都深深植根於漫長的過去。當它們開花結果時，是時間為它們做好了準備。如想瞭解它們的起源，就必須回顧既往。它們既是歷史的兒女，又是未來的母親，然而也永遠是時間的奴隸。

因此，時間是我們最可靠的主人，為了看到一切事物有何變化，應當讓它自由地發揮作用。今天，面對群眾可怕的抱負以及它所預示的破壞和騷亂，我們深感不安。要想看到平衡的恢復，除了依靠時間，再無他法。

拉維斯先生（法國歷史學家，一八四二～一九二二）所言甚是：「沒有哪種統治形式可以一夜之間建立起來。政治和社會組織是需要數百年才能打造出來的產物。封建制度在建立起它的典章之前，經歷了數百年毫無秩序的混亂。

絕對君權也是在存在了數百年後，才找到了統治的成規。這些等待的時期是極為動盪的。」

四、政治和社會制度

制度能夠改正社會的弊端，國家的進步是改進制度與統治帶來的結果，社會變革可以用各種命令來實現——我認為這些想法仍然受到普遍的贊同。它們是法國大革命的起點，而且目前的各種社會學說也仍然以它為基礎。

最具連續性的經驗一直未能動搖這個重大的謬見。哲學家和史學家們枉費心機地想證明它的荒謬，不過他們卻可以毫不費力地證明，各種制度是觀念、感情和習俗的產物，而觀念、感情和習俗並不會隨著改寫法典而被一併改寫。

一個民族並不能隨意選擇自己的制度，就像它不能隨意選擇自己的頭髮和眼睛的顏色一樣。制度和政府都是種族的產物，它們並不是某個時代的創造者，而是由這個時代所創造。對各民族的統治，不是根據他們一時的奇思怪想，而是他們的性質決定了他們要被統治。

一種政治制度的形成需要上百年的時間，改造它也同樣如此。各種制度並沒有固有的優點，就它們本身而言，它們無所謂好壞。在特定的時刻對一個民族有益的制度，對另一個民族也許是極為有害的。

進一步說，一個民族並沒有真正改變其各種制度的能力。毫無疑問，以暴力革命為代價，它可以改變其名稱，但是其本質依然如故。名稱不過是些無用的符號，歷史學家在深入到事物的深層時，很少需要留意它們。正是因為如此，英國這個世界上最民主的國家仍然生活在君主制的統治下，而經常表現得十分囂張的最具壓迫性的專制主義，卻是存在於那些原屬西班牙的美洲共和國，儘管它們都有共和制的憲法。決定著各民族命運的是它們的性格，而不是它們的政府。我曾在前一本書中，通過提出典型事例來證實這一觀點。

因此，把時間浪費在炮製各種煞有介事的憲法上，就像是小孩子的把戲，是無知的修辭學家毫無用處的勞動。必要性和時間承擔著完善憲政的責任，我們最明智的做法，就是讓這兩個因素發揮作用。這就是盎格魯—薩克遜人採用的辦法，正像他們偉大的史學家麥考利在一段文字中告訴我們的，拉丁民族各國的政客們，應當由衷地學習這種方法。他指出，法律所能取得的一切好處，從純粹理性的角度看，表現出一片荒謬與矛盾，他然後又對拉丁民族一擁而上發瘋般制定出來的憲法文本與英國的憲法進行了比較。他指出，後者總是一點一滴慢慢地發生變化，影響來自必要性，而不是來自思辨式的推理：

> 從來不考慮是否嚴謹對稱，更多地是考慮它是否方便實用；從來不單純以不一致為理由去消除不一致；除非感到有所不滿，絕對不加以變革；除非能夠消除這種不滿，絕對不進行革新；除了針對具體情況必須提供的條款之外，絕對不制定任何範圍更大的條款——這些原則，從約翰國王的時代直到維多利亞女王的時代，一直支配著我們二百五十年的議會，使它

變得從容不迫。要想說明各民族的法律和各項制度在多大程度上表達著每個種族的需要，沒有必要對其進行粗暴的變革，而要對它們逐一進行審查。例如，對集權制的優點和缺點，可以專注於哲學上的考究。但是，當我們看到，一個由不同種族構成的國民用了一千年時間來維護這種集權制；當我們看到，一場目的在於摧毀過去一切制度的大革命也不得不尊重這種集權制，甚至使它進一步強化，在這種情況下，我們就該承認它是迫切需要的產物，承認它是這個民族的生存條件。對於那些侈談毀掉這種制度的政客，我們應當對他們可憐的智力水準報以憐憫。如果他們碰巧做成了這件事，他們的成功立刻會預示著一場殘酷的內戰，這又會立刻帶來一種比舊政權更具壓迫性的新的集權制度。

從以上所述得出的結論是，深刻影響群體稟性的手段，不能到制度中去尋找。我們看到，有些國家，譬如美國，在民主制度下取得了高度繁榮，而另一些國家，譬如那些西班牙人的美洲共和國，在極為相似的制度下，卻生活在可悲的混亂狀態之中。這時我們就應當承認，這種制度與一個民族的偉大和另一個民族的衰敗都是毫不相干的。各民族是受著它們自己的性格支配的，凡是與這種性格不合的模式，都不過是一件借來的外套，一種暫時的偽裝。

毫無疑問，為強行建立某些制度而進行的血腥戰爭和暴力革命一直都在發生，而且還會繼續發生。人們就像對待聖人的遺骨一樣對待這些制度，賦予這些制度以創造幸福的超自然力量。

因此，從某種意義上可以說，是制度反作用於群體的頭腦，它們才引發了這些大動蕩。然而，其實並不是制度以這種方式產生了反作用，因為我們知道，不管成功或失敗，它們本身並沒有以這種方式產生反作用，因為它們本身並不具有那樣的能力。影響群眾頭腦的是各種幻想和詞語，尤其是詞語，它們的強大一如它們的荒誕，下面我就簡單地揭示一下它們令人吃驚的影響。

五、教育

有當前這個時代的主要觀念中，首當其衝的是這樣一種觀念，即認為教育能夠使人大大改變，它會萬無一失地改造他們，甚至能夠把他們變成平等的人。這種主張被不斷地重複，僅僅這個事實就足以讓它最終成為最牢固的民主信條。如今要想擊敗這種觀念，就像過去擊敗教會一樣困難。

但是在這個問題上，就像在許多其他問題上一樣，民主觀念與心理學和經驗的結論有著深刻的差異。包括赫伯特・史賓塞在內的許多傑出哲學家，已經毫不費力地證明，教育既不會使人變得更道德，也不會使他更幸福；它既不能改變他的本能，也不能改變他天生的熱情，而且有時——只要進行不良引導即可——害處遠大於好處。

統計學家已經為這種觀點提供了佐證，他們告訴我們，犯罪隨著教育，至少是某種教育的普及而增加，社會的一些最壞的敵人，也是在學校獲獎者名單上有案可查的人。一位傑出的官員，阿道夫・吉約先生在最近一本著作裡指出，目前受過教育的罪犯和文盲罪犯是三千～五千人，在50年的時間裡，人口中的犯罪比例從每10萬居民227人上升到了552人，即增長了143％。他也像他的同事一樣注意到，年輕人犯罪增長得尤其多，而人盡皆知的是，法國為了他們，已經用免費義務制教育取代了交費制。

當然不能說，即使正確引導的教育，也不會造成十分有益的實際結果——誰也沒有堅持過這種主張。就算它不會提升道德水準，至少也會有益於專業技能的發展。不幸的是，尤其在過去25年裡，拉丁民族把它們的教育制度建立在了十分錯誤的原則上，儘管有些最傑出的頭腦，如布呂爾、德・庫朗熱、泰納等許多人提出了意見，它們依然不思悔改。我本人在過去出版的一本書中指出，法國的教育制度把多數受過這種教育的人變成了社會的敵人，它讓無數學子加入了社會主義者的陣營。

這種制度——它可能很適合拉丁民族的稟性——的主要危險來自這樣一個

事實，即它以根本錯誤的心理學觀點為基礎，認為智力是通過一心學好教科書來提高的。由於接受了這種觀點，人們便盡可能強化許多手冊中的知識。從小學直到離開大學，一個年輕人只能死記硬背書本，他的判斷力和個人主動性從來派不上用場。受教育對於他來說就是背書和服從。

前公共教育部長朱勒・西蒙先生寫道：「學習課程，把一種語法或一篇綱要牢記在心，重複得好，模仿也出色——這實在是一種十分可笑的教育方式，它的每項工作都是一種信仰行為，即預設教師不可能犯錯誤。這種教育的惟一結果，就是貶低自我，讓我們變得無能。」

如果這種教育僅僅是無用，人們還可以對孩子們示以同情，他們雖然沒有在小學裡從事必要的學習，畢竟被教會了一些科勞泰爾後裔的族譜、紐斯特裡亞和奧斯特拉西亞之間的衝突或動物分類的知識。但是這種制度的危險要比這嚴重得多，它使服從它的人強烈地厭惡自己的生活狀態，極想逃之夭夭。工人不想再做工人，農民不想再當農民，而大多數地位卑賤的中產階級，除了吃國家公務員這碗飯以外，不想讓他們的兒子從事任何別的職業。法國的學校不是讓人為生活做好準備，而是只打算讓他們從事政府的職業，在這個行當上取得成功，無需任何必要的自我定向，或表現出哪怕一點個人的主動性。這種制度在社會等級的最底層創造了一支無產階級大軍，他們對自己的命運忿忿不平，隨時都想起來造反。在最高層，它培養出一群輕浮的資產階級，他們既多疑又輕信，對國家抱著迷信般的信任，把它視同天道，卻又時時不忘對它表示敵意，總是把自己的過錯推給政府，離開了當局的干涉，他們便一事無成。

國家用教科書製造出這麼多有文憑的人，然而它只能利用其中的一小部分，於是只好讓另一些人無事可做。因此，它只能把飯碗留給先來的，剩下的沒有得到職位的人便全都成了國家的敵人。從社會金字塔的最高層到最低層，從最卑賤的小秘書到教授和警察局長，有大量炫耀著文憑的人在圍攻各種政府部門的職位。商人想找到一個代替他處理殖民地生意的人難上加難，可是成千上萬的人卻在謀求最平庸的官差。只在塞納一地，就有2萬名男女教師失業，

他們全都蔑視農田或工廠，只想從國家那兒討生計。被選中的人數是有限的，因此肯定有大量心懷不滿的人。他們隨時會參與任何革命，不管它的頭領是誰，也不管它有什麼目標。可以說，掌握一些派不上用場的知識，是讓人造反的不二法門。

顯然，迷途知返為時已晚。只有經驗這位人民最好的老師，最終會揭示出我們的錯誤。只有它能夠證明，必須廢除我們那些可惡的教科書和可悲的考試，代之以勤勞的教育，它能夠勸導我們的年輕人回到田野和工廠，回到他們今天不惜任何代價逃避的殖民地事業。

如今，一切受教育的人所需要的專業教育，就是我們祖輩所理解的教育。在今天，憑自己意志的力量、開拓能力和創業精神統治世界的民族中，這種教育依然強盛。泰納先生這位偉大的思想家，在一系列著名篇章——下面我還會引用其中一些重要段落——中清楚地說明了，我們過去的教育制度與今天英國和美國的制度大體相似。他在對拉丁民族和盎格魯—薩克遜民族的制度進行不同尋常的比較時，明確指出了這兩種方式的後果。

也許人們在迫不得已的情況下會認為，繼續接受我們古典教育中的全部弊端，儘管它只能培養出心懷不滿和不適應自己生活狀況的人，但是向人灌輸大量膚淺的知識，不出差錯地背誦大量教科書，畢竟能夠提高智力水準。但是它真能提高這種水準嗎？不可能！生活中取得成功的條件是判斷力，是經驗，是開拓精神和個性——這些素質都不是書本能夠帶來的。教科書和字典可以是有用的參考工具，但長久把它們放在腦子裡卻沒有任何用處。

如何能讓專業教育提高智力，使它達到大大高於古典教育的水準呢？丹納先生做過出色的說明。他說：

> 觀念只有在自然而正常的環境中才能形成。要促進觀念的培養，需要年輕人每天從工廠、礦山、法庭、書房、建築工地和醫院獲得大量的感官印象；他得親眼看到各種工具、材料和操作；他得與顧客、工作者和勞動

者在一起，不管他們幹得是好是壞，也不管他們是賺是賠。採用這種方式，他們才能對那些從眼睛、耳朵、雙手甚至味覺中得到的各種細節，有些微不足道的理解。學習者在不知不覺中獲得了這些細節，默默地推敲，在心中逐漸成形，並且或遲或早會產生出一些提示，讓他們著手新的組合、簡化、創意、改進或發明。而法國年輕人恰恰在最能出成果的年紀，被剝奪了所有這些寶貴的接觸、所有這些不可缺少的學習因素，因為有七八年的時間他一直被關在學校裡，切斷了一切親身體驗的機會，因此對於世間的人和事，對於控制這些人和事的各種辦法，不可能得到鮮明而準確的理解。……十人之中，至少九個人在幾年裡把他們的時間和努力浪費掉了，而且可以說，這是非常重要的、甚至是決定性的幾年。他們中間有一半甚至三分之二的人，是為了考試而活著——我這裡指的是那些被淘汰者。還有一半或三分之二成功地得到了某種學歷、證書或一紙文憑——我指的是那些超負荷工作的人。在規定的某一天，坐在一把椅子上，面對一個答辯團，在連續兩小時的時間裡，懷著對科學家團體，即一切人類知識的活清單的敬畏，他們要做到正確——對這種事所抱的期望實在太過分了。在那一天的那兩個小時裡，他們也許正確或接近正確，但用不了一個月，他們便不再是這樣。他們不可能再通過考試。他們腦子裡那些過多的、過於沉重的所學不斷流失，且沒有新東西補充進去。他們的精神活力衰退了，他們繼續成長的能力枯竭了，一個得到充分發展的人出現了，然而他也是個筋疲力盡的人。他成家立業，落入生活的俗套，而只要落入這種俗套，他就會把自己封閉在狹隘的職業中，工作也許還算本份，但僅此而已。這就是平庸的生活，收益和風險不成比例的生活。而在一七八九年以前，法國就像英國或美國一樣，採用卻是相反的辦法，由此得到的結果並無不同，甚至更好。

此後一些著名的心理學家又向我們揭示了我們的制度與盎格魯—薩克遜人

的差別。後者並沒有我們那樣多的專業學校。他們的教育並不是建立在啃書本上，而是建立在專業課程上。例如，他們的工程師並不是在學校，而是在車間裡訓練出來的。這種辦法表明，每個人都能達到他的智力允許他達到的水準。如果他沒有進一步發展的能力，他可以成為工人或領班，如果天資不俗，他便會成為工程師。與個人前程全取決他在18歲或19歲時一次幾小時考試的做法相比，這種辦法更民主，對社會也更有利。

在醫院、礦山和工廠，在建築師或律師的辦公室裡，十分年輕便開始就業的學生們，按部就班地經歷他們的學徒期，非常類似於辦公室裡的律師秘書或工作室裡的藝術家。在投入實際工作之前，他也有機會接受一些一般性，教育過程，因此已經準備好了一個框架，可以把他們迅速觀察到的東西儲存進去，而且他能夠利用自己在閒置時間得到的各種各樣的技能，由此逐漸同他所獲得的日常經驗協調一致。

在這種制度下，實踐能力得到了發展，並且與學生的才能相適應，發展方向也符合他未來的任務和特定工作的要求，這些工作就是他今後要從事的工作。因此在英國或美國，年輕人很快便處在能夠儘量發揮自己能力的位置上。在25歲時——如果不缺少各種材料和部件，時間還會提前——他不但成了一個有用的工作者，甚至具備自我創業的能力；他不只是機器上的一個零件，而且是個發動機。而在制度與此相反的法國，由此造成的人力浪費是巨大的。

關於我們拉丁民族的教育制度與實踐生活不斷擴大的差距，這位偉大的哲學家得出了如下結論：

在教育的三個階段，即兒童期、少年期和青年期。如果從考試、學歷、證書和支憑的角度看，坐在學校板凳上啃理論和教科書的時間是有點長得過頭了，而且負擔過重。即使僅從這個角度看，採用的辦法也糟糕透項，它是一種違反自然的、與社會對立的制度。過多地延長實際的學徒期，我們的學校寄宿制度，人為的訓練和填鴨式教學，功課過重，不考慮以後的時代，不考慮成人的年齡和人們的職業，不考慮年輕人很快就要投身其中的現實世界，不考慮我們活動於其中、他必須加以適應或提前學會適應的社會，不考慮人類為保護自己而必須從事的鬥爭、不考慮為了站住腳跟他得提前得到裝備、武器和訓練並且意志堅強。這種不可缺少的裝備，這種最重要的學習，這種豐富的常識和意志力，我們的學校全都沒有教給法國的年輕人。它不但遠遠沒有讓他們獲得應付明確生存狀態的素質，反而破壞了他這種素質。

因此，從他走進這個世界，踏入他的活動領域之日起，他經常只會遇到一系列痛苦的挫折，由此給他造成的創痛久久不能痊癒，有時甚至失去生活能力。這種試驗既困難又危險。這個過程對精神和道德的均衡產生了不良影響，甚至有難以恢復之虞。十分突然而徹底的幻滅已經發生了。這種欺騙太嚴重了，失望太強烈了。

以上所言是否偏離了群體心理學的主題？我相信並非如此。如果我們想知道今天正在群眾中醞釀、明天就會出現的各種想法和信念，就必須對為其提供土壤的因素有所了解。教育能夠使一個國家的年輕人了解到這個國家會變成什麼樣子。為當前這一代人提供的教育，有理由讓人灰心喪氣。在改善或惡化群眾的頭腦方面，教育至少能發揮一部分作用。因而有必要說明，這種頭腦是如何由當前的制度培養出來的，冷漠而中立的群眾是如何變成了一支心懷不滿的大軍，隨時打算聽從一切烏托邦分子和能言善辯者的暗示。今天，能夠找到社會主義者的地方，正是教室，為拉丁民族走向衰敗鋪平道路的，也是教室。

第二章　群體意見的直接因素

提要：(1)形象、詞語和套話。詞語和套話的神奇力量／詞語的力量與它所喚起的形象有關，但獨立於它的真正含義／這些形象因時代和種族而各有不同／常用詞語含義多變的實例／給舊事物更換名稱的政治效用／種族差別造成的詞義變化／「民主」一詞在歐洲和美國的不同含義。(2)幻覺。它的重要性／在所有文明的起源中都能發現幻覺／群體更喜歡幻覺而不是真理。(3)經驗。只有經驗能夠使必要的真理在群眾心中生根／經驗只有不斷地重複才能生效勸說服群眾必須付出的經驗代價。(4)理性。它對群體沒有任何作用／群體只受無意識感情的影響／邏輯在歷史中的作用／發生不可思議之事的秘密。

我們剛才討論了賦予群體心理以特定屬性，使某些感情和觀念得以發展的間接性準備因素。現在我們還得研究一下能夠直接發揮作用的因素。在下面這一章裡我們會看到，要想讓這些因素充分發揮作用，應當如何運用它們。

我們在本書的第一部分研究過集體的感情、觀念和推理方式，根據這些知識，顯然可以從影響他們心理的方法中，歸納出一些一般性原理。我們已經知道什麼事情會刺激群體的想像力，也瞭解了暗示，特別是那些以形象的方式表現出來的暗示的力量和傳染過程。然而，正像暗示可以有完全不同的來源一樣，能對群體心理產生影響的因素也相當不同，因此必須對它們分別給予研究。這種研究是有益的。群體就像古代神話中的斯芬克司（人面獅身），必須對它的心理學問題給出一個答案，不然我們就會被它毀掉。

一、形象、詞語和套話

我們在研究群體的想像力時已經看到，它特別易於被形象產生的印象所左右。這些形象不一定隨時都有，但是可以利用一些詞語或套話，巧妙地把它們激活。經過藝術化處理之後，它們毫無疑問有著神奇的力量，能夠在群體心中掀起最可怕的風暴，反過來說，它們也能平息風暴。因為各種詞語和套話的力量而死去的人，只用他們的屍骨，就能建造一座比古老的胡夫更高的金字塔。

詞語的威力與它們所喚醒的形象有關，同時又獨立於它們的真實含義。最不明確的詞語，有時反而影響最大。例如像民主。社會主義、平等、自由等等，它們的含義極為模糊，即使一大堆專著也不足以確定它們的所指。然而這區區幾個詞語的確有著神奇的威力，它們似乎是解決一切問題的靈丹妙藥。各種極不相同的潛意識中的抱負及其實現的希望，全被它們集於一身。

說理與論證戰勝不了一些詞語和套話。它們是和群體一起隆重上市的。只要一聽到它們，人人都會肅然起敬，俯首而立。許多人把它們當做自然的力量，甚至是超自然的力量。它們在人們心中喚起宏偉壯麗的幻象，也正是它們含糊不清，使它們有了神秘的力量。它們是藏在聖壇背後的神靈，信眾只能誠惶誠恐地來到它們面前。

詞語喚起的形象獨立於它們的含義。這些形象因時代而異，也因民族而異。不過套話並沒有改變，有些暫時的形象是和一定的詞語聯繫在一起的：詞語就像是用來喚醒它們的電鈴按鈕。

並非所有的詞語和套話都有喚起形象的力量，有些詞語在一段時間裡有這種力量，但在使用過程中也會失去它，不會再讓頭腦產生任何反應。這時它們就變成了空話，其主要作用是讓使用者免去思考的義務。用我們年輕時學到的少量套話和常識把自己武裝起來，我們便擁有了應付生活所需要的一切，再也不必對任何事情進行思考。

只要研究一下某種特定的語言，就會發現它所包含的詞語在時代變遷中變化得極慢，而這些詞語所喚起的形象，或人們賦予它們的含義，卻不停地發生著變化。因此我在另一本書中得出結論說，準確地翻譯一種語言，尤其那些死亡的語言，是絕對不可能的。當我們用一句法語來取代一句拉丁語、希臘語或《聖經》裡的句子時，或者當我們打算理解一本二三百年前用我們自己的語言寫成的書時，我們實際上是在做什麼呢？我們不過是在用現代生活賦予我們的一些形象和觀念代替另一些不同的形象和觀念，它們是存在於古代一些種族的頭腦中的產物，這些人的生活狀況與我們沒有任何相似之處。當大革命時的人以為自己在模仿古希臘和古羅馬人時，他們除了把從來沒有存在過的含義賦予古代的詞語之外，還能做些什麼呢？

希臘人的制度與今天用同樣的詞語設計出來的制度有何相似之處？那時的共和國本質上是一種貴族統治的制度，是由一小撮團結一致的暴君統治著一群絕對服從的奴隸構成的制度。這些建立在奴隸制上的貴族集體統治，沒了這種奴隸制一天也不能存在。

「自由」這個詞也是如此。在一個從未想過思想自由的可能性，討論城邦的諸神、法典和習俗就是最嚴重最不尋常的犯罪的地方，「自由」的含義與我們今天賦予它的含義有何相似之處？像「祖國」這樣的詞，對於雅典人或斯巴達人來說，除了指雅典或斯巴達的城邦崇拜之外，還能有別的含義嗎？它當然不可能指由彼此征伐不斷的敵對城邦組成的全希臘。在古代高盧，「祖國」這個詞又能有什麼含義？它是由相互敵視的部落和種族組成的，它們有著不同的語言和宗教，凱撒能夠輕易征服它們，正是因為他總是能夠從中找到自己的盟友。羅馬人締造了一個高盧人的國家，是因為他們使這個國家形成了政治和宗教上的統一。不必扯這麼遠，就拿二百年前的事來說吧，能夠認為今天法國各省對「祖國」一詞的理解，與偉大的孔代（編按・本名路易二世・德・波旁，為十七世紀歐洲最傑出的統帥，一六二一～一六八六）他和外國人結盟反對自己的君主——是一樣的嗎？然而詞還是那個詞。過去跑到外國去的法國保皇黨人，他們認為自己反對法國是在恪守氣節，他們認為法國已經變節，因為封建制度的法律是把諸侯同主子而不是土地聯繫在一起的，因此有君主在，才有祖國在。可見，祖國對於他們的意義，不是與現代人大不相同嗎？

意義隨著時代的變遷而發生深刻變化的詞語比比皆是。我們對它們的理解，只能達到過去經過了漫長的努力所能達到的水準。有人曾十分正確地說，即使想正確理解「國王」和「王室」這種稱呼對我們曾祖父一輩意味著什麼，也需要做大量的研究。更為複雜的概念會出現什麼情況也就可想而知了。

由此可見，詞語只有變動不定的暫時含義，它隨著時代和民族的不同而不同。因此，我們若想以它們為手段去影響群體，我們必須搞清楚某個時候群體賦予它們的含義，而不是它們過去具有的含義，或精神狀態有所不同的個人給予它們的含義。

因此，當群體因為政治動盪或信仰變化，對某些詞語喚起的形象深感厭惡時，假如事物因為與傳統結構緊密聯繫在一起而無法改變，那麼一個真正的政治家的當務之急，就是在不傷害事物本身的同時趕緊變換說法。聰明的托克維爾很久以前就說過，執政府和帝國的具體工作就是用新的名稱把大多數過去的制度重新包裝一遍，這就是說，用新名稱代替那些能夠讓群眾想起不利形象的名稱，因為它們的新鮮能防止這種聯想。「地租」變成了「土地稅」，「鹽賦」變成了「鹽稅」，「搖役」變成了「間接攤派」，商號和行會的稅款變成了「執照費」，如此等等。

可見，政治家最基本的任務之一，就是對流行用語，或至少對再沒有人感興趣、民眾已經不能容忍其舊名稱的事物保持警覺。名稱的威力如此強大，如果選擇得當，它足以使最可惡的事情改頭換面，變得能被民眾所接受。泰納正確地指出，雅各賓黨人正是利用了「自由」和「博愛」這種當時十分流行的說法，才能夠「建立起堪與達荷美媲美的暴政，建立起和宗教法庭相類似的審判台，幹出與古墨西哥人相差無幾的人類大屠殺這種成就。」

統治者的藝術，就像律師的藝術一樣，首先在於駕馭詞藻的學問。這門藝術遇到的最大困難之一，就是在同一個社會，同一個詞對於不同的社會階層往往有不同的含義，表面上看他們用詞相同，其實他們說著不同的語言。

在以上事例中，時間是促成詞語含義發生變化的主要因素。如果我們再考慮到種族因素，我們就會看到，在同一個時期，在教養相同但種族不同的人中間，相同的詞也經常與極不相同的觀念相對應。不是見多識廣的人，不可能理解這些差別，因此我不會糾纏在這個問題上。我只想指出，正是群眾使用最多的那些詞，在不同的民族中有著最不相同的含義。例如，今天使用如此頻繁的「民主」和「社會主義」，就屬於這種情況。

實際上，它們在拉丁民族和盎格魯—薩克遜民族中代表著十分對立的思想。在拉丁民族看來，「民主」更多地是指個人意志和自主權要服從于國家所代表的社會的意志和自主權。國家在日甚一日地支配著一切，集權、壟斷並製造一切。不管是激進派。社會主義者還是保皇派，一切黨派一概求助於國家。而在盎格魯—薩克遜地區，尤其是在美國，「民主」一詞卻是指個人意志的有力發展，國家要盡可能服從這一發展，除了政策、軍隊和外交關係外，它不能支配任何事情，甚至公共教育也不例外。由此可見，同一個詞，在一個民族是指個人意志和自主權的從屬性以及國家的優勢，而在另一個民族，卻是指個人意志的超常發展和國家的徹底服從。

二、幻覺

自從出現文明以來，群體便一直處在幻覺的影響之下。他們為製造幻覺的人建廟塑像，設立祭壇，超過了所有其他人。不管是過去的宗教幻覺還是現在的哲學和社會幻覺，這些牢不可破至高無上的力量，可以在我們這個星球上不斷發展的任何文明的靈魂中找到。古代巴比倫和埃及的神廟，中世紀的宗教建築，是為它們而建；一個世紀以前震撼全歐洲的一場大動盪，是為它們而發動；我們的所有政治、藝術和社會學說，全都難逃它們的強大影響。

有時，人類以可怕的動亂為代價，能夠消除這些幻覺，然而他似乎註定還會讓它們死而復生。沒有它們，他不可能走出自己原始的野蠻狀態；沒有它們，他似乎很快就會重新回到這種野蠻狀態。毫無疑問，它們不過是些無用的幻影，但是這些我們夢想中的產物，卻使各民族創造出了輝煌壯麗值得誇耀的藝術或偉大文明。

如果有人毀掉那些博物館和圖書館，如果有人把教堂前石板路上那些在宗教鼓舞下建起一切作品和藝術紀念物統統推倒，那麼，人類偉大的夢想還會留下些什麼呢？讓人們懷抱著那些希望和幻想吧，不然他們是活不下去的。這就是存在著諸神、英雄和詩人的原因。科學承擔起這一任務已有50年的時間，但是在渴望理想的心靈裡，科學是有所欠缺的，因為它不敢做出過於慷慨的承諾，因為它不能撒謊。

十八世紀的哲學家熱情地投身於對宗教、政治和社會幻想的破壞，我們的祖輩已在這種幻想中生活了許多世紀。他們毀滅了這些幻想，希望和順從的源泉也就隨之枯竭。幻想遭到扼殺之後，他們面對著盲目而無聲無息的自然力量，而它對軟弱和慈悲心腸一概無動於衷。

哲學不管取得了多大進步，它迄今仍沒有給群眾提供任何能夠讓他們著迷的理想。然而群眾無論付出多大的代價，他們必須擁有自己的幻想，於是他們便像趨光的昆蟲一樣，本能地轉向那些迎合他們需要的巧舌如簧者。推動各民族演化的主要因素，永遠不是真理，而是謬誤。

如今社會主義為何如此強大，原因就在於它是仍然具有活力的最後的幻想。儘管存在著一切科學證據，它依然繼續發展。它的主要力量是因為這樣一個事實，即它的鼓吹者是那些非常無視現實，因而敢於向人類承諾幸福的人。如今，這種社會主義幻想肆虐於過去大量的廢墟之上，未來是屬於它的。群眾從來就沒有渴望過真理，面對那些不合口味的證據，他們會拂袖而去，假如謬論對他們有誘惑力，他們更願意崇拜謬論，凡是能向他們供應幻覺的，也可以很容易地成為他們的主人，凡是讓他們幻滅的，都會成為他們的犧牲品。

三、經驗

經驗幾乎是惟一能夠讓真理在群眾心中牢固生根、讓過於危險的幻想歸於破滅的有效手段。但是為了達到這個目的，經驗必須發生在非常大的範圍內，而且得以再出現。通常，一代人的經驗對下一代人是沒多少用處的。這就是一些被當做證據引用的歷史事實達不到目的的原因。它們惟一的作用就是證明了，一種廣泛的經驗即使僅僅想成功地動搖牢固地根植於群眾頭腦中的錯誤觀點，也需要一代又一代地反覆出現。

史學家毫無疑問會把十九世紀以及再早一些的年代當做一個充斥著奇異經驗的時代，任何時代都沒有做過如此多的試驗。

最宏偉的試驗就是法國大革命。發現一個社會有待於遵照純粹理性的指導，從上到下翻新一遍，這必然會導致數百萬人死於非命，讓歐洲在20年裡陷入深刻的動盪。為了用經驗向我們證明，獨裁者會讓擁戴他們的民族損失慘重，需要在50年裡來上兩次破壞性試驗。但是，雖然試驗結果明確無誤，好像仍然不那麼令人信服。第一次試驗的代價是三百萬人的性命和一次入侵，第二次試驗導致割讓領土並在事後表明了常備軍的必要性。此後幾乎還要來第三次試驗。恐怕不定哪天它肯定會發生。要想讓整個民族相信，龐大的德國軍隊並不像30年前普遍認為的那樣，只是一支無害的國民衛隊，就必須來上一次讓我們損失慘重的戰爭。讓人認識到貿易保護會毀掉實行這種制度的民族，至少需要20年的災難性試驗。這種例子顯然不勝枚舉。

四、理性

在列舉能夠對群眾心理產生影響的因素時，根本就沒有必要提到理性，除非是為了指出它的影響的消極價值。

我們已經證明，群體是不受推理影響的，它們只能理解那些拼湊起來的觀念。因此，那些知道如何影響它們的演說家，總是借助於它們的感情而不是它們的理性。邏輯定律對群體不起作用。讓群體相信什麼，首先得搞清楚讓它們興奮的感情，並且裝出自己也有這種感情的樣子，然後以很低級的組合方式，用一些非常著名的暗示性概念去改變它們的看法，這樣才能夠——如果有必要的話——再回到最初提出的觀點上來，慢慢地探明引起某種說法的感情。這種根據講話的效果不斷改變措辭的必要性，使一切有效的演講完全不可能事先進行準備和研究。在這種事先準備好的演講中，演講者遵循的是自己的思路而不是聽眾的思路，僅這一個事實就會使他不可能產生任何影響。

講究邏輯的頭腦，慣於相信一系列大體嚴密的論證步驟，因此在向群眾講話時，難免會借助於這種說服的方式，他們面對自己的論證不起作用，總是百思不得其解。有位邏輯學家寫道：「通常，建立在三段論上——即建立在一組公式上——的數學結論是不可更改的……由於這種不可更改的性質，即使是無機物，如果它能夠演算這一組公式的話，也會不得不表示同意。」這話說得當然不錯，然而群體並不比無機物更能遵守這種組合，它甚至沒有理解的能力。只要嘗試一下用推理來說服原始的頭腦——例如野蠻人或兒童的頭腦——即可知道這種論說方式是多麼不值錢。

如想看清楚同感情對抗的理性是多麼蒼白無力，甚至不必降低到這麼原始的水準。我們只要想一下，就在幾百年前，與最簡單的邏輯也不相符的宗教迷信是多麼頑強！在接近兩千年的時間裡，最清醒的天才也不得不在它們的規矩面前俯首稱臣。只是到了現代，它們的真實性才多少受到了一些挑戰。中世紀和文藝復興時代也有不少開明之士，但沒有一個人通過理性思考，認識到自己的迷信中十分幼稚的一面，或者對魔鬼的罪行或燒死巫師的必要性表示過絲毫的懷疑。

群體從來不受理性的指引，是否該對此表示遺憾？我們不必貿然稱是。毫無疑問，是幻覺引起的激情和愚頑，激勵著人類走上了文明之路，在這方面人類的理性沒有多大用處。作為支配著我們的無意識的力量的產物，這些幻覺無疑是必要的。每個種族的精神成分中都攜帶著它命運的定律，並且也許它由於一種難以抑制的衝動，只能服從這些定律，即使這種衝動顯然極不合理。有時，各民族好像被一些神秘的力量所左右，它們類似於那種使橡果長成橡樹或讓香星在自己軌道上運行的力量。

我們若想、對這些力量有一點認識，就必須研究一個民族的整個進化過程，而不是這一進化過程不時出現的一些孤立的事實。如果只考慮這些事實，歷史就會變得彷彿是一連串不可能的偶然性所造成的結果。一個加利利的木匠似乎不可能變成一個持續兩千年之久的全能的神，使最重要的文明以他為基礎形成；一小撮從沙漠裡冒出來的阿拉伯人，似乎不太可能征服希臘羅馬世界的大部分地區並建立起比亞歷山大的領土更大的帝國；在歐洲已經十分發達、各地政權都已有了等級森嚴的制度的時代，區區一個炮兵中尉似乎也不太可能征服眾多民族及其國王。

因此，還是讓我們把理性留給哲人，不要過於強烈地堅持讓它插手對人的統治吧。一切文明的主要動力並不是理性，倒不如說，儘管存在著理性，文明的動力仍然是各種感情——如尊嚴、自我犧牲、宗教信仰、愛國主義以及對榮譽的愛。

第三章　群體領袖及其說服的手法

提要：(1) 群體的領袖。一切群體動物有著服從頭領的本能需要／群體領袖的心理／只有他們能夠使群眾有所信仰並把他們組織起來／領袖的專制／領袖的分類／意志的作用。(2) 領袖的動員手段：斷言、重複和傳染。這些手段的不同作用／相互傳染從社會下層向上層蔓延的過程／民眾的意見不久就會成為普遍意見。(3) 名望。名望的定義和分類／先天的名望和個人名望／不同的實例／名望受到破壞的方式。

我們現在已經了解了群體的精神構成，我們也明白了能夠對他們的頭腦產生影響的力量。仍然有待研究的是，這些力量是如何發揮作用的，以及是什麼人把它們有效地轉變成了實踐的力量。

一、群體的領袖

只要有一些生物聚集在一起，不管是動物還是人，都會本能地讓自己處在一個頭領的統治之下。

就人類的群體而言，所謂「頭領」，有時不過是個小頭目或煽風點火的人，但即使如此，他的作用也相當重要。他的意志是群體形成意見並取得一致的核心。他是各色人等形成組織的第一要素，他為他們組成派別鋪平了道路。一群人就像溫順的羊群，沒了頭，羊就會不知所措。

領袖最初往往不過是被領導者中的一員。他本人也是被一些觀念所迷惑，然後才變成了它的使徒。他對這些觀念十分著迷，以至除此之外的一切事情都消失了。在他看來，一切相反的意見都是謬論或迷信。這方面的一個例子是羅伯斯庇爾（法國大革命的領袖），他對盧梭的哲學觀念如醉如癡，在傳播它們時竟然採用了宗教法庭的手段。

我們所說的領袖，更有可能是個實幹家而非思想家。他們並沒有頭腦敏銳深謀遠慮的天賦，他們也不可能如此，因為這種品質一般會讓人猶疑不決。在那些神經有毛病的、好興奮的、半癲狂的人，處在瘋子邊緣的人中間，尤其容易產生這種人物。不管他們堅持的觀念或追求的目標多麼荒誕，他們的信念是如此堅定，這使得任何理性思維對他們都不起作用。他們對別人的輕藐和保留態度無動於衷，或者這只會讓他們更加興奮。他們犧牲自己的利益和家庭——犧牲自己的一切。自我保護的本能在他們身上消失得無影無蹤，在絕大多數情況下，他們孜孜以求的惟一回報就是以身殉職。他們強烈的信仰使他們的話具有極大的說服力。

各眾生總是願意聽從意志堅強的人，而對方也知道如何迫使他們接受自己的看法。聚集成群的人會完全喪失自己的意志，本能地轉向一個具備他們所沒有的品質的人。

各民族從來就不缺領袖，然而，他們並非全都受著那種適合於使徒的強烈信念的激勵。這些領袖往往熟請巧言令色之道，一味追求私利，用取悅於無恥的本能來說服眾人。他們利用這種方式可能產生極大的影響，然而這只能奏效於一時。有著狂熱的信仰，能夠打動群眾靈魂的人，即隱士彼得、路德、薩沃那羅拉之流，以及法國大革命中的人物，他們自己就先是某種信仰的狂熱者，被它的信仰搞得想入非非之後，才能夠讓別人也想入非非。這樣他們才能夠在自己信眾的靈魂裡喚起一股堅不可摧的力量，即所謂的「信仰」，它能讓一個人變得完全受自己的夢想奴役。

無論信仰是宗教的、政治的或社會的，也無論這信仰的對象是一本書、一個人或一種觀念，信仰的建立永遠取決於人群中偉大領袖的作用。正是在這一點上，他們有著非常巨大的影響力。在人類所能支配的一切力量中，信仰的力量最為驚人，福音書上說，它有移山填海的力量，一點也不假。使一個人具有信仰，就是讓他強大了十倍。重大的歷史事件一直是由一些籍籍無名的信徒造成的，他們除了自己贊成的信仰之外，幾乎什麼也不知道。傳遍全球的偉大宗教，或是從這個半球擴張到另一半球的帝國，它們之得以建立，靠的並不是學者或哲學家的幫助，更不是懷疑論者的幫助。

不過，對於以上提到的這些事情，我們所關注的是那些偉大的領袖人物，他們為數甚少，史學家很容易把他們一一清點出來。他們構成了一個連續體的頂峰，其上是些權勢顯赫的主子，下面則是一些出力的人，在煙霧繚繞的小酒館裡，他們不停地向自己同志的耳朵裡灌輸著隻言片語，慢慢地使其入迷。對於那些話的含義，他們自己也很少理解，但是根據他們的說法，只要將其付諸實行，一定會導致一切希望和夢想的實現。

在每個社會領域，從最高貴者到最低賤者，人只要一脫離孤獨狀態，立刻便處在某個領袖的影響之下。

大多數人，尤其是群眾中的大多數人，除了自己的行業之外，對任何問題都沒有清楚而合理的想法。領袖的作用就是充當他們的引路人。不過，他也可以被定期出版物所取代，雖然往往效果不佳，這些定期出版物製造有利於群眾領袖的輿論，向他們提供現成的套話，使他們不必再為說理操心。

群眾領袖握有非常專制的權威，這種專制性當然是他們得到服從的條件。人們經常注意到，他們的權威無須任何後盾，就能輕易使工人階級中最狂暴的人聽命於自己。他們規定工時和工資比例，他們發出罷工命令，何時開始何時結束，全憑他們一聲令下。

如今，由於政府甘心受人懷疑，使自己越來越沒有力量，因此這些領袖和鼓動家正日益傾向於港取政府的位置。這些新主子的暴政帶來的結果是，群眾在服從他們時，要比服從政府溫順得多。如果因為某種變故，領袖從舞臺上消失，群眾就會回到當初群龍元首不堪一擊的狀態。在一次巴黎公共馬車雇員的罷工中，兩個指揮的領袖一被抓起來，罷工便立刻結束。「在群體的靈魂中占上風的，並不是對自由的要求，而是當奴才的欲望。」他們是如此傾向於服從，因此不管誰自稱是他們的主子，他們都會本能地表示臣服。

這些首領和煽動家可以分成明顯不同的兩類。一類包括那些充滿活力，但只一時擁有堅強意志的人。和他們相比，另一類人更為罕見，他們的意志力更持久。前一種人一身蠻勇，在領導突然決定的暴動、帶領群眾冒死犯難、讓新兵一夜之間變成英雄這些事情中，他們特別派得上用場。第一帝國時代的內伊和繆拉（兩人皆為法國軍事家）就屬於這種人，在我們這個時代，加里波第（義大利革命家）也屬於這種人物，他雖一無所長，卻是個精力充沛的冒險家，他只帶領一小撮人，就能夠拿下古老的那不勒斯王國，儘管它受著一支紀律嚴明的軍隊的保護。

不過，這類領袖的活力雖是一種應予考慮的力量，它卻不能持久，很難延續到使它發揮作用的興奮事件之後。當這些英雄回到日常生活中時，就像我剛才談到的情況一樣，他們往往暴露出最驚人的性格弱點。他們雖然能夠領導別人，卻好像不能在最簡單的環境下思考和支配自己的行為。他們是這樣一些領袖，在某些條件下，他們本人也受人領導並不斷地受到刺激，總是有某個人或觀念在指引著他們，有明確劃定的行動路線可供他們遵循，不然他們就不能發揮自己的作用。而另一類領袖，即那些能夠持續保持意志力的人，儘管不那麼光彩奪目，其影響力卻要大得多。

在這類人中，可以找到各種宗教和偉業的真正奠基人。例如，聖保羅、哥倫布和德・雷賽布（編按・法國外交官，蘇伊士運河的開拓者）皆是。他們或是聰明，或是心胸狹隘，這都無關緊要——世界是屬於他們的。他們所具備的持久的意志力，是一種極為罕見、極為強大的品質，它足以征服一切。強大而持久的意志能夠成就什麼，並不總是能夠得到充分的評價。沒有任何事情能阻擋住它，無論自然、上帝還是人，都不育首。

強大而持久的意志能夠造成什麼結果，德・雷賽布為我們提供了一個最近的例子。他是一個把世界分成東西兩半的人，他所成就的事業，過去三千年裡曾有最偉大的統治者徒勞地做過嘗試。他後來敗在一項類似的事業上，但那是因為他年事已高的緣故，包括意志在內的一切事情，都會在衰老面前屈服。

如想說明單憑意志的力量能夠完成什麼事業，只須仔細想一下與開鑿蘇伊士運河時必須克服的困難有關的歷史記載即可。一位見證人用令人印象深刻的寥寥數語，記錄下了這項偉大工程的作者所講述的整個故事：

日復一日，不管什麼時候，遇到什麼事情，他都在講著那個關於運河的驚人故事。他講述他所戰勝的一切、他如何把不可能變為可能、他遇到的一切反對意見、與他作對的所有聯盟，他經歷的所有失望、逆境和失敗，都沒能讓他灰心喪氣。他追憶英國如何打擊他、法國和埃及如何遲疑不決、工程初期法國領事館如何帶頭反對他，以及他所遇到的反對的性質，有人試圖用拒絕供應飲水，使他的工人因口渴而逃跑。他還談到，海軍部長和工程師，一切富有經驗、受過科學訓練並且有責任心的人，全都自然而然地變成了他的敵人，他們全都站在科學立場上，斷定災難就在眼前，預言它正在逼近，並且計算出它會在某日某時發生，就像預測日蝕一樣。

涉及所有這些偉大領袖生平的書，不會包含太多的人名，但是這些名字卻同文明史上最重大的事件聯繫在一起。

二、領袖的動員手段：斷言、重複和傳染

如果想在很短的時間裡激發起群體的熱情，讓他們採取任何性質的行動，譬如掠奪宮殿、誓死守衛要塞或陣地，就必須讓群體對暗示做出迅速的反應，其中效果最大的就是榜樣。不過為了達到這個目的，群體應當在事前就有一些

環境上的準備，尤其是希望影響他們的人應具備某種品質，對於這種有待於做深入研究的品質，我稱之為名望。

但是，當領袖們打算用觀念和信念——例如利用現代的各種社會學說——影響群體的頭腦時，他們所借助的手段各有不同。其中有三種手段最為重要，也十分明確，即斷言法、重複法和傳染法。它們的作用有些緩慢，然而一旦生效，卻有持久的效果。

做出簡潔有力的斷言，不理睬任何推理和證據，是讓某種觀念進入群眾頭腦最可靠的辦法之一。一個斷言越是簡單明瞭，證據和證明看上去越貧乏，它就越有威力。一切時代的宗教書和各種法典，總是訴諸簡單的斷言。號召人們起來捍衛某項政治事業的政客，利用廣告手段推銷產品的商人，全都深知斷言的價值。

但是，如果沒有不斷地重複斷言——而且要盡可能措辭不變——它仍不會產生真正的影響。我相信拿破崙曾經說過，極為重要的修辭法只有一個，那就是重複。得到斷言的事情，是通過不斷重複才在頭腦中生根，並且這種方式最終能夠使人把它當做得到證實的真理接受下來。

只要看一看重複對最開明的頭腦所發揮的力量，就可以理解它對群體的影響。這種力量是來自這樣一個事實，即從長遠看，不斷重複的說法會進入我們無意識的自我的深層區域，而我們的行為動機正是在這裡形成的。到了一定的時候，我們會忘記誰是那個不斷被重複的主張的作者，我們最終會對它深信不移。廣告所以有令人吃驚的威力，原因就在這裡。如果我們成百上千次讀到，X牌巧克力是最棒的巧克力，我們就會以為自己聽到四面八方都在這樣說，最終我們會確信事實就是如此。如果我們成百上千次讀到，Y牌藥粉治好了身患頑症的最知名的人士，一旦我們患上了類似的疾病，我們終究會忍不住也去試用一下。如果我們總是在同一家報紙上讀到張三是個臭名昭著的流氓，李四是最誠實的老實人，我們最終會相信事實就是如此，除非我們再去讀一家觀點相反、把他們的品質完全顛倒過來的報紙。把斷言和重複分開使用，它們各自都具備足夠強大的力量相互拼殺一番。

如果一個斷言得到了有效的重複，在這種重複中再也不存在「異議，就像在一些著名的金融項目中，富豪足以收買所有參與者一樣，此時就會形成所謂的流行意見，強大的傳染過程於此啟動。各種觀念、感情、情緒和信念，在群眾中都具有病菌一樣強大的傳染力。這是一種十分自然的現象，因為甚至在聚集成群的動物中，也可以看到這種現象。馬廄裡有一匹馬踢它的飼養員，另一匹馬也會起而效尤；幾隻羊感到驚恐，很快也會蔓延到整個羊群。在聚集成群的人中間，所有情緒也會迅速傳染，這解釋了恐慌的突發性。頭腦混亂就像瘋狂一樣，它本身也是易於傳染的。在自己是瘋病專家的醫生中間，不時有人會變成瘋子，這已是廣為人知的事情。當然，最近有人提到一些瘋病，例如廣場恐怖症，也能由人傳染給動物。

每個人都同時處在同一個地點，並不是他們受到傳染不可或缺的條件。有些事件能讓所有的頭腦產生一種獨特的傾向以及一種群體所特有的性格，在這種事件的影響下，相距遙遠的人也能感受到傳染的力量。當人們在心理上已經有所準備，受到了我前面研究過的一些間接因素的影響時，情況尤其如此。這方面的一個事例是一八四八年的革命運動，它在巴黎爆發後，便迅速傳遍大半個歐洲，使一些王權搖搖欲墜。

很多影響要歸因於模仿，其實這不過是傳染造成的結果。我在另一本著作中對它的影響已經做過說明，因此這裡我只想接一段15年前我就這一問題說過的話。下面引述的觀點已由另一些作者在最近的出版物中做了進一步敘述。

> 人就像動物一樣有著模仿的天性。模仿對他來說是必然的，因為模仿總是一件很容易的事情。正是因為這種必然性，才使所謂時尚的力量如此強大。無論是意見、觀念、文學作品甚至服裝，有幾個人有足夠的勇氣與時尚作對？支配著大眾的是榜樣，不是論證。每個時期都有少數個人同其他人作對並受到無意識的群眾的模仿，但是這些有個性的人不能過於明目

張膽地反對公認的觀念。他們要是這樣做的話，會使模仿他們變得過於困難，他們的影響也就無從談起。

正是由於這個原因，過於超前於自己時代的人，一般不會對它產生影響。這是因為兩者過於界限分明。也是由於這個原因，歐洲人的文明儘管優點多多，他們對東方民族卻只有微不足道的影響，因為兩者之間的差別實在是太大了。

歷史與模仿的雙重作用，從長遠看，會使同一個國家、同一個時代的一切入十分相似，甚至那些好像堅決不受這種雙重影響的個，如哲學家、博學之士和文人，他們的思想和風格也散發著一種相似的氣息，使他們所屬的時代立刻就能被辨認出來。如想全面瞭解一個人讀什麼書，他有什麼消遣的習慣，他生活於其中環境，並沒有必要同他做長時間的交談。傳染的威力甚大，它不但能迫使個人接受某些意見，而且能讓他接受一些感情模式。傳染是一些著作在某個時期受到蔑視——可以拿《唐豪塞》為例——的原因，就在幾年後，出於同樣的原因，那些持批評態度的人，又會對它們大加讚賞。（編按・《唐豪塞》係華格納一部歌劇，內容表現出宗教與情慾的矛盾與鬥爭，公演初期引來很大嘩然的攻擊，之後群眾卻接受了它。）

群體的意見和信念尤其會因為傳染，但絕不會因為推理而得到普及。目前流行於工人階級中的學說，是他們在公共場所學到的，這是斷言、重複和傳染的成果。當然，每個時代創立的群眾信仰的方式，也大都如出一轍。勒南（法國作家）就曾正確地把基督教最早的創立者比作「從一個公共場合到另一個公共場合傳播觀念的社會主義工人」；伏爾泰在談到基督教時也注意到，「在一百多年裡，接受它的只有一些最惡劣的敗類。」

應當指出，與我前面提到的情況相似，傳染在作用於廣大民眾之後，也會擴散到社會的上層。今天我們看到，社會主義信條就出現了這種現象，它正在被那些會成為它首批犧牲者的人所接受。傳染的威力是如此巨大，在它的作用下，甚至個人利益的意識也會消失得無影無蹤。

由此解釋了一個事實：得到民眾接受的每一種觀念，最終總是會以其強大的力量在社會的最上層紮根，不管獲勝意見的荒謬性是多麼顯而易見。社會下層對社會上層的這種反作用是個更為奇特的現象，因為群眾的信念多多少少總是起源於一種更高深的觀念，而它在自己的誕生地往往一直沒有什麼影響。

領袖和鼓動家被這種更高深的觀念征服以後，就會把它取為己用，對它進行歪曲，組織起使它再次受到歪曲的宗派，然後在群眾中加以傳播，而他們會使這個篡改過程更樓。觀念變成大眾的真理，它就會回到自己的發源地，對一個民族的上層產生影響。從長遠看是智力在塑造著世界的命運，但這種作用十分間接。當哲學家的思想通過我所描述的這個過程終於大獲全勝時，提出觀念的哲人們早已化為塵土。

三、名望

利用斷言、重複和傳染進行普及的觀念，因環境而獲得了巨大的威力，這時它們就會具有一種神奇的力量，即所謂的「名望」。

世界上不管什麼樣的統治力量，無論它是觀念還是人，其權力得到加強，主要都是利用了一種難以抗拒的力量，它的名稱就是「名望」。每個人都瞭解這個詞的含義，但是其用法卻十分不同，因此不易做出定義。名望所涉及到的感情，既可以是讚賞，也可能是畏懼。有時這些感情是它的基礎，但是沒有它也完全能夠存在。不過，最大的名望歸死人所有，即那些我們不再懼怕的人。例如，亞歷山大、凱撒、穆罕默德和佛祖。此外，還有一些我們並不讚賞的虛構的存在——印度地下神廟中那些可怕的神靈，但是它們因為具有名望而讓我們害怕。

在現實中，名望是某個人、某本著作或某種觀念對我們頭腦的支配力。這種支配會完全麻痹我們的批判能力，讓我們心中充滿驚奇和敬畏。這種感覺就像所有感情一樣難以理解，不過它好像與魅力人物所引起的幻覺沒有什麼不同。名望是一切權力的主因。不管神仙、國王還是美女，缺了它一概沒戲。

形形色色的名望總括起來可以分為兩大類：先天的名望和個人名望。先天的名望來自稱號、財富和名譽。它可以獨立於個人的名望。相反地，個人名望基本上為一個人所特有，它可以和名譽、榮耀、財富共存，或由此得到加強，不過沒有這些東西，它也完全能夠存在。

先天的或人為的名望更為常見。一個人佔據著某種位置、擁有一定的財富或頭銜，僅僅這些事實，就能使他享有名望，不管他本人多麼沒有價值。一身戎裝的士兵、身著法袍的法官，總會令人肅然起敬。巴斯卡則分正確地指出，法袍和假髮是法官必不可少的行頭。沒了這些東西，他們的權威就會損失一半。即使是最狂放不羈的社會主義者，王公爵爺的形象對他也多少總會有所觸動。擁有這種頭銜會使剝奪生意人變得輕而易舉。

以上所說的這種名望，是由人來體現的，在這些名望之外，還有一些名望體現在各種意見、文學和藝術作品等事物中。後者的名望往往只是長年累月重複的結果。歷史，尤其是文學和藝術的歷史，不過就是在不斷地重複一些判斷。誰也不想證實這些判斷，每個人最後都會重複他從學校裡學到的東西，直到出現一些再沒人敢於說三道四的稱號和事物。對於一個現代讀者來說，研讀荷馬肯定是極令人生厭的事，然而誰敢這麼說？巴台農神廟按其現存的狀態，不過是一堆非常沒有意思的破敗廢墟，但是它的巨大名望卻使它看起來不是那個樣子，而是與所有的歷史記憶。

名望的特點就是阻止我們看到事物的本來面目，讓我們的判斷力徹底麻木。群眾就像個人一樣，總是需要對一切事簡謝明湖意見。一這些意見的普遍性與它們是對是錯全無居工，它們只受制於名望已。

現在我來談談個人的名望。它的性質完全不同於我剛才說過的那些人為的或先天的名望。這是一種與一切頭銜和權力無關的品質，而且只為極少數人所具備，它能使他們對自己周圍的人施以真正神奇的幻術，即使這些人與他們有著平等的社會地位，而且他們也不具備任何平常的統治手段。他們強迫周圍的人接受他們的思想與感情，眾人對他的服從，就像吃人毫不費力的動物服從馴獸師一般。

偉大的群眾領袖，如佛祖、耶穌、穆罕默德、聖女貞德和拿破崙，都享有這種極高的名望，他們所取得的地位也同這種名望特別有關。各路神仙、英雄豪傑和各種教義，能夠在這個世界上大行其道，都是因為各有其深入人心的力量。當然，對他們是不能探討的，只要一探討，他們便煙消雲散。

我提到的這些人在成名之前，早就具備一種神奇的力量，沒有這種力量他們也不可能成名。譬如說，達到榮耀頂峰時的拿破崙，僅僅因為他的權力這一事實，就享有巨大的名望，但是在他沒有這種權力，仍然籍籍無名時，他就已經部分地具備了這種名望。當他還是個名不見經傳的將軍時，多虧了那些有權勢者要保護自己，他被派去指揮義大利的軍隊。他發現自己處在一群憤怒的將軍中間，他們一心要給這個總督派來的年輕「外來戶」一點顏色瞧瞧。從一開始，從第一次會面時起，他沒有借助於任何語言。姿態或威脅，他們一看到這個就要變成大人物的人，就被他征服了。泰納利用當時的回憶錄，對這次會面做了引人入勝的說明：

師部的將軍中間包括奧熱羅，一個一身蠻勇的赳赳武夫，他為自己的高大身材和剽悍而揚揚自得。他來到軍營，對巴黎派給他們的那個爆發戶一肚子怒氣。對於他們得到的有關此人如何強大的描述，奧熱羅打算粗暴地不予理睬：一個巴拉斯的寵兒，一個因旺代事件而得到將軍頭銜的人，他在學校裡的成績就是街頭鬥毆，相貌不佳，有著數學家和夢想家的美名。他們被帶來了，波拿巴讓他們等在外邊。他終於佩帶著自己的劍出現在他們面前。他帶上帽子，說明了他所採取的措施，下達命令，然後讓他們離開。奧熱羅一直沉默不語。直到出門後他才重新找回了自信，讓自己能夠像通常那樣罵罵咧咧地說話。他同意馬塞納的看法，這個小個子魔鬼將軍讓他感到敬畏，他無法理解那種一下子就把他壓倒的氣勢。

變成大人物後，拿破崙的名望與他的榮耀同步增長，至少在他的追隨者眼裡，他和神靈的名望已不相上下。范達姆將軍，一個粗漢、大革命時代的典型軍人，甚至比奧熱羅更粗野，一八一五年，在與阿納諾元帥一起登上杜伊勒里宮的樓梯時，他對元帥談到了拿破崙：「那個魔鬼般的人物對我施用的幻術，我自己也搞不懂為何如此厲害，一看到他，我就像個小孩子一樣禁不住打顫。他簡直能夠讓我鑽進針眼，投身火海。」

拿破崙對和他接觸過的所有人，都能產生這種神奇的影響。達武在談到馬雷和他本人的奉獻精神時說：「如果皇帝對我們說，『毀滅巴黎，不讓一個人活著或跑掉，這對於我的政策至關重要』，我相信馬雷是會為他保密的，不過他還不至於頑固到不想讓自己的家人離開這座城市。而我會因為擔心洩露真情，把我的妻兒留在家裡。」

必須記住這種命令讓人神魂顛倒的驚人力量，才能夠理解他拿破崙完全意識到了自己的名望，他知道，如果他把自己身邊的人看得還不如馬伕，他的名望就會更高。這些人中包括國民議會裡的一些令歐洲人心驚膽戰的顯赫人物。當時的許多閒談都可說明這一事實。在一次國務會議上，拿破崙就曾粗暴地羞辱過伯格諾，其無禮就像對待一個男僕。發生效果後，他走到這人面前說：「喂，笨蛋，你找到腦子了嗎？」伯格諾，一個如鼓手長一般高大的人，深深地躬著腰。那個小個子伸手揪住大個子的耳朵，把他提了起來。「這是令人心醉的寵信的表示，」伯格諾寫道——

「這是主人發怒時常見的親見舉動。」這些事例可以使人清楚地認識到，名望能夠產生多麼無恥的陳詞濫調。它也能夠使我們看到大暴君對其噗羅們極為輕蔑的態度——他只把他們看作「他灰」。從厄爾巴島返回法國的壯舉——他孤身一人，面對一個對他的暴政想必已感到厭倦的大國，卻能閃電般地征服整個法國。他只須看一眼那些派來阻擋他、曾發誓要完成自己使命的將軍們，他們沒做任何商量便屈服了。

英國將軍威爾斯里寫道：「拿破崙，一個來自他的王國厄爾巴島的逃犯，幾乎是孤身一人在法國登陸，幾周之內便把合法國王統治下的法國權力組織統統推翻。想證明一個人的權勢，還有比這更驚人的方式嗎？在他的這場最後戰役中，從頭至尾，他對同盟國又施加了多麼驚人的權勢！他們讓他牽著鼻子走，他差一點就打敗他們！」

他的名望長於他的壽命，而且有增無減。他的名望讓他的一個籍籍無名的侄子變成了皇帝。直到今天他的傳奇故事仍然不絕於耳，足見對他的懷念是多麼強烈。隨心所欲地迫害人，為了一次次的征伐，就讓數百萬人死於非命——只要你有足夠的名望和付諸實施的天才，人們就會允許你這樣做。

不錯，我所談的都是名望的一些極不尋常的例子。但是為了瞭解那些偉大的宗教、偉大的學說和偉大的帝國的起源，提提這些事例是有好處的。沒有這種名望對群眾的影響，這些發展就會成為不可思議的事情。

但是，名望並不是完全以個人的權勢、軍事業績或宗教敬畏為基礎。它可以有較為平庸的來源，其力量也相當可觀。我們這個世紀便提供了若干實例。能夠讓後人世代不忘的最驚人的事例之一，是那個把大陸一分為二，改變了地球面貌和通商關係的著名人物的故事。他完成了自己的壯舉，是因為他有強大的意志，也因為他能讓自己周圍的人著迷。為了克服他遇到的無數反對，他只讓自己的表現說話。他言語簡潔，他的魅力可以化敵為友。英國人反對他的計畫尤其賣力，但是他一出現在英國，就把所有選票都爭取到了自己一邊；晚年他路過南安普頓時，一路上教堂鐘聲不斷；如今又有一場運動在英國展開，要為他樹立一座塑像。

征服了必須征服的一切——人和事、沼澤、岩石、沙地——之後，他不再相信還有什麼事情能擋住他（編按・指：德・雷賽布），他想在巴拿馬再挖一條蘇伊士運河。他按老辦法著手這項工程，但是他已上了年紀。此外，雖有移山填海的信念，如果那山過於高大，也是沒辦法移動的。山會進行抵抗，後來發生的災難，也抹去了這位英雄身上耀眼的光環。

他的一生說明了名望如何出現，也說明了它如何消失。在成就了足以同歷史上最偉大的英雄媲美的業績之後，他卻被自己家鄉的官僚打入最下賤的罪犯之流。他去世時沒人留意，靈柩經過處，是一群無動於衷的民眾。只有外國政府像對待歷史上每個最偉大的人一樣，懷著敬意對他表示紀念。

上面提到的這些事仍然屬於極端的例子。要想對名望的心理學有細緻的認識，把它們置於一系列事例中的極端是必要的。這個系列的一端是宗教和帝國的創立者，另一端則是用一項新帽子或一件新服飾向鄰居炫耀的人。

在這一系列事例的兩極之間，文明中的各種不同因素——科學、藝術、文學等等——所導致的一切不同形式的名望，都有一席之地，並且可以看到，名望是說服群眾的一個基本因素。享有

「在費迪南・德・雷賽布受到指控後，人們無權再對哥倫布的可悲下場表示驚訝。如果雷賽布是個騙子，那麼一切高貴的幻想便都成了犯罪。古人會用榮耀的光環來紀念他，會讓他飲下奧林匹克的甘露，因為他改變了地球的面貌，完成了使萬物更加完美的任務。上訴法院的首席法官因為指控費迪南・德・雷賽市而成了不朽的人物，因為各民族總是需要一些人，他們不害怕把信徒的帽子扔向一位老人——他的一生為當代人增光——以此貶低自己的時代。」

「在資產階級憎恨大膽創舉的地方，再也不要談論什麼不可動搖的正義的未來！民族需要勇士，他們充滿自信，克服了所有的障礙，不在乎個

人的安危。天才不可能謹小慎微，一味謹小慎微，是絕對不可能擴大人類的活動範圍的。」

「……費迪南・德・雷賽布知道凱旋的狂喜與挫折的創痛——蘇伊士和巴拿馬。在這一點上，這顆心對成功的道德進行了反叛。當雷賽布成功地貫通了兩個海洋時，國王和人民向他致敬；如今，當他敗在科迪雷拉斯的岩石面前時，他不過是個毫無教養的騙子。……從這種結局中我們看到了社會各階級之間的戰爭，看到了資產階級和雇主們的不滿，他們借助於刑法，對那些在其同胞中出類拔萃的人施以報復，在面對人類天才高遠的理想時，現代立法者心裡充滿窘迫，而公眾對這些理想也不甚理解。一個大律師不難證明，斯坦利（比利時著名探險家）是個瘋子，德・雷賽布也是個騙子。」

名望的人、觀念或物品，會在傳染的作用下，立刻受到人們自覺不自覺的模仿，使整整一代人接受某些感情或表達思想的模式。進一步說，這種模仿通常是不自覺的，這解釋了它的徹底性這一事實。臨摹某些原始人的單調色彩和僵硬姿態的現代畫家，很少能夠比他們靈感的來源更有生命力。他們相信自己的真誠，但若是沒有哪個傑出的大師復活了這種藝術形式，人們便會一直只看到他們幼稚低級的一面。那些模仿另一位著名大師的藝術家，在他們的畫布上塗滿了紫羅蘭色的暗影，但是他們在自然界並沒有看到比50年前更多的紫羅蘭。他們是受了另一位畫家的個性和特殊印象的影響，即受到了他的「暗示」，而這位畫家儘管古怪，卻成功地獲得了巨大的名望。在文明的所有因素中，都可以舉出類似的例子。

由以上論述可知，名望的產生的各種因素，而其中成功永遠是最重要的一個因素。每個成功者，每個得到承認的觀念，僅僅因為成功這一事實，便不再受到人們的懷疑。成功是通向名望的主要臺階，其證據就是成功一旦消失，名望幾乎也總是隨之消失。昨天受群眾擁戴的英雄一旦失敗，今天就會受到侮辱。當然，名望越高，反應也會越強烈。

在這種情況下，群眾會把陌路英雄視為自己的同類，為自己曾向一個已不復存在的權威低頭哈腰而進行報復。當年羅伯斯庇爾把自己的同夥和大量的人處死時，他享有巨大的名望。當幾張選票的轉移剝奪了他的權力時，他便立刻失去了名望，群眾齊聲咒罵著把他送上了斷頭臺，正像不久前對待他的犧牲品一樣。信徒們總是窮凶極惡地打碎他們以前神靈的塑像。

缺少成功的名望，會在很短的時間裡消失。不過它也可以在探討中受到磨蝕，只是時間要更長一些。不管怎麼說，探討的力量是極為可靠的。當名望成為問題時，便不再是名望。能夠長期保持名望的神與人，對探討都毫不寬容。為了讓群眾敬仰，必須同它保持距離。

第四章　群體的信念和意見的變化範圍

提要：(1) 牢固的信念。某些普遍信念不易改變／它們是文明的主流／根除它們十分困難／信念在哲學上的荒謬性不妨礙它的傳播。(2) 群體意見的多變。不是來自普遍信念的意見極為易變／近百年來觀念和信仰的多樣化／這種多樣化的真正界限／受到多樣化影響的事物／混亂的報業造成了意見的多變。

一、牢固的信念

生物的解剖學特徵和心理特徵有著密切的相似之處。在這些解剖學特徵中，會看到一些不易改變或只有輕微改變的因素，它們的改變需要以地質年代來計算。除了這些穩定的、不可摧毀的特徵之外，也可以看到一些極易變化的特徵，如利用畜牧和園藝技術很容易就能加以改變的特徵，有時它們甚至會使觀察者看不到那些基本特徵。

在道德特徵上也可以看到同樣的現象。一個種族除了有不可變的心理特徵外，也能看到它有一些可變因素。因此，在研究一個民族的信仰和意見時，在一個牢固的基礎結構之上，總是可以觀察到有一些嫁接在上面的意見，其多變一如岩石上的流沙。

因此，群體的意見和信念可以分成非常不同的兩類。

一方面我們有重要而持久的信仰，它們能夠數百年保持不變，整個文明也許就是以它為基礎。例如過去的封建主義、基督教和新教，在我們這個時代則有民族主義原則和當代的民主和社會主義觀念。其次是一些短暫而易變的意見，它們通常是每個時代生生滅滅的一些普遍學說的產物，這方面的例子有影響文學藝術的各種理論。例如，那些產生了浪漫主義、自然主義或神秘主義的理論。這些意見通常都是表面的，就像時尚一樣多變。它們類似於一池深水的表面不斷出現和消失的漣漪。

偉大的普遍信仰數量十分有限。它們的興衰是每一個文明種族的歷史上令人矚目的事件。它們構成了文明的真正基礎。

用一時的意見影響群眾的頭腦不難，想讓一種信仰在其中長久紮根卻極為不易。不過，一旦這種信念得到確立，要想根除它也同樣困難。通常只有用暴力革命才能對它們進行革新。甚至當信念對人們的頭腦幾乎已完全失去控制力時，也要借助於革命。在這種情況下，革命的作用是對幾乎已經被人拋棄的東西做最後的清理，因為習慣勢力阻礙著人們完全放棄它們。一場革命的開始，其實就是一種信念的末日。

一種信念開始衰亡的確切時刻很容易辨認——這就是它的價值開始受到置疑的時刻。一切普遍信念不過是一種虛構，它唯一的生存條件就是它不能受到審察。

不過，即使當一種信念已經搖搖欲墜時，根據它建立起來的制度仍會保持其力量，消失得十分緩慢。最後，當信念的餘威盡失時，建立於其上的一切很快也會開始衰亡。

迄今為止，沒有哪個民族能夠在沒有下決心破壞其全部文明因素的情況下轉變它的信仰。這個民族會繼續這一轉變過程，直到停下腳步接受一種新的普遍信念為止，在此之前它會一直處在一種無政府狀態中。普遍信念是文明不可缺少的柱石，它們決定著各種思想傾向。只有它們能夠激發信仰並形成責任意識。

各民族一直清楚獲得普遍信念的好處，它們本能地知道，這種信念的消失是它們衰敗的信號。使羅馬人能夠征服世界的信念，是他們對羅馬的狂熱崇拜；當這種信念壽終正寢時，羅馬也註定衰亡。至於那些毀滅了羅馬文明的野蠻人，只有當他們具備某種共同接受的信念，使他們取得了一定的團結，擺脫了無政府狀態時，才能做到這一點。

各民族在捍衛自己意見時，總是表現出不寬容的態度，這顯然事出有因。這種對哲學批判表現出來的不寬容態度，代表著一個民族生命中最必要的品質。在中世紀，正是為了尋求或堅持普遍信仰，才有那麼多發明創新者被送上火刑柱，即或他們逃脫了殉道，也難免死於絕望。也正是為了捍衛這些信念，世界上才經常上演一幕幕最可怕的混亂，才有成千上萬的人戰死沙場或將要死在那裡。

建立普遍信念的道路可謂困難重重，不過一旦它站穩了腳跟，它便會長期具有不可征服的力量，無論從哲學上看它多麼荒謬，它都會進人最清醒的頭腦。在長達一千五百年的時間裡，歐洲各民族不是一直認為，那些像莫洛克神

（編按・上古近東神明的名號）一樣野蠻的宗教神話是不容爭辯的嗎？

有個上帝因為他自己創造出來的動物不聽話，便進行自我報復，讓其兒子承受可怕的酷刑，在十多個世紀裡，居然一直沒人認識到這種神話荒謬至極。有過人天賦者，如伽利略、如牛頓、如萊布尼茨，一刻也沒有想到過這種說教的真實性值得懷疑。普遍信仰有催眠作用，沒有任何事情比這個事實更典型，也沒有任何事情能更確切地表明，我們的理智有著令人汗顏的局限性。

新的教條一旦在群體的頭腦中生根，就會成為鼓舞人心的源泉，它由此會發展出各種制度、藝術和生活方式。在這種環境之下，它對人們實行著絕對的控制。實幹家一心要讓這種普遍接受的信仰變成現實，立法者一心想把它付諸實行，哲學家、藝術家和文人全都醉心于如何以各種不同的方式表現它，除此之外再無他想。

從基本信念中可以派生出一些短暫的觀念，然而它們總是具有那些信念賦予它們的印記。埃及文明，中世紀的歐洲文明，阿拉伯地區的穆斯林文明，都是寥寥幾種宗教信仰的產物，這些文明中即使最微不足道的事物，也都留下了它們一眼就能辨認出來的印記。

因此，幸虧有這些普遍信念，每個時代的人都在一個由相似的傳統、意見和習慣組成的基本環境中成長，他們不能擺脫這些東西的桎梏。人的行為首先受他們的信念支配，也受由這些信念所形成的習慣支配。這些信念調整著我們生活中最無足輕重的行動，最具獨立性的精神也擺脫不了它們的影響。在不知不覺中支配著人們頭腦的暴政，是惟一真正的暴政，因為你無法同它作戰。

不錯，提比略今成吉思汗和拿破崙都是可怕的暴君，但是躺在墳墓深處的摩西、佛祖、耶穌和穆罕默德，對人類實行著更深刻的專制統治。利用密謀可以推翻一個暴君，而反對牢固的信念又有什麼可資利用？在同羅馬天主教的暴力對抗中，最終屈服的是法國大革命，儘管群體的同情顯然是在它這一邊，儘管它採用了像宗教法庭一樣無情的破壞手段。人類所知道的惟一真正的暴君，歷來就是他們對死人的懷念或他們為自己編織出來的幻想。

普遍的信念從哲學上說往往十分荒謬，但這從來不會成為它們獲勝的障礙。當然，如果這些信念缺少了提供某種神奇的荒謬性這一條件，它們也不可能獲勝。

因此，今天的社會主義信念雖有明顯的破綻，這並沒有阻止它們贏得群眾。這種思考得出的惟一結論是，和所有宗教信仰相比，其實它只能算是等而下之的信仰，因為前者所提供的幸福理想只能實現於來世，因此也無法反駁它，而社會主義的幸福理想要在現世得到落實，因而只要有人想努力實現這種理想，它的許諾的空洞無物立刻就會暴露無遺，從而使這種新信仰身敗名裂。所以，它的力量的增長也只能到它獲得勝利，開始實現自身的那天為止。由於這個原因，這種新宗教雖然像過去所有的宗教一樣，也以產生破壞性影響為起點，但是將來它並不能發揮創造性的作用。

二、群體意見的多變

以上我們闡述了牢固信念的力量，不過在這個基礎的表面，還會生長出一些不斷生生滅滅的意見、觀念和思想。其中一些也許朝生暮死，較重要的也不會比一代人的壽命更長。我們已經指出，這種意見的變化有時不過是些表面現象，它們總是受到某些種族意識的影響。例如在評價法國政治制度時我們說明，各政黨表面上看極為不同——保皇黨、激進派、帝國主義者、社會主義者等等，但是它們都有著一個絕對一致的理想，並且這個理想完全是由法蘭西民族的精神結構決定的，因為在另一些民族中，在相同的名稱下會看到一些完全相反的理想。無論是給那些意見所起的名稱，還是其騙人的用法，都不會改變事物的本質。

大革命時代的人飽受拉丁文學的薰陶，他們的眼睛只盯著羅馬共和國，採用它的法律、它的權標束棒（編按・古羅馬最高長官權力標誌，束棒捆一支斧頭。後來成為法西斯標誌）、它的托加（古羅馬人穿的寬外袍），但他們並沒有變成羅馬人，因為後者是處在一個有著強大的歷史意義的帝國的統治之下。哲學家的任務，就是研究古代的信念在其表面變化背後有什麼東西支撐著它們，在不斷變化的意見中找出受普遍信念和種族特性決定的成分。

如果不做這種哲學上的檢驗，人們會以為群眾經常隨意改變他們的政治或宗教信念。一切歷史，無論是政治的、宗教的、藝術的或文學的歷史，似乎都證明了事情就是如此。作為例證，讓我們來看看法國歷史上非常短暫的一個時期，即一七九〇到一八二〇年這30年的時間，這也正好是一代人的時間。

在這段時間，我們看到，最初是保皇派的群體變得十分革命，然後成為極端的帝國主義者，最後又變成了君主制的支持者。在宗教問題上，他們在這段時間從天主教倒向無神論，然後倒向自然神論，最後又回到了最堅定的天主教立場。這些變化不只發生在群眾中，而且發生在他們的領導者中。我們吃驚地發現，國民公會中的一些要人，國王的死敵、既不信上帝也不信主子的人，竟會變成拿破崙恭順的奴僕，在路易十八的統治下，又手持蠟燭虔誠地走在宗教隊伍中間。

在以後的幾年裡，群眾的意見又發生了無數次變化。十九世紀初「背信棄義的英國佬」在拿破崙的繼承者統治時期，成了法國的盟友。兩度受到法國入侵的俄國，以滿意的心情看著法國倒退，也變成了它的朋友。

在文學、藝術和哲學中，接下來的意見變化更為迅速。浪漫主義、自然主義和神秘主義等等，輪番登場，生生滅滅。昨天還受著吹捧的藝術家和作家，明天就會被人痛加責罵。

但是，當我們深入分析所有這些表面的變化時，我們發現了什麼？一切與民族的普遍信念和情感相修的東西，都沒有持久力，逆流不久便又回到了主河道。與種族的任何普遍信念或情感全無關係，從而不可能具有穩定性的意見，只能聽任機遇的擺佈，或者——假如其說法還有可取之處——會根據周圍的環境而發生變化。它們只能是在暗示和傳染的作用下形成的一種暫時現象。它們匆匆成熟，又匆匆消失，就像海邊沙灘上被風吹成的沙丘。

目前，群體中易變的意見比以往任何時候都多，這有三個不同的原因。首先，昔日的信仰正在日甚一日地失去影響力，因此它們也不再像過去那樣，能夠形成當時的短暫意見。普遍信仰的衰落，為一大堆既無歷史也無未來的偶然意見提供了場所。

第二個原因是群眾的勢力在不斷增長，這種勢力越來越沒有制衡力量。我們已有所瞭解的群體觀念的極其多變這一特點，得以無拘無束地表現出來。

最後，第三個原因是報業最近的發展，它們不斷地把完全對立的意見帶到群眾面前。每一種個別的意見所產生的暗示作用，很快就會受到對立意見的暗示作用的破壞。結果是任何意見都難以普及，它們全都成了過眼雲煙。今天，一種意見還來不及被足夠多的人接受，從而成為普遍意見，便已壽終正寢。

這些不同的原因造成一種世界史上的全新現象，它是這個時代最顯著的特點。我這裡是指政府在領導輿論上的無能。

過去，就在不久以前，政府的措施、少數作家和寥寥幾家報紙的影響，就是公眾輿論真正的反映者，而今天作家已經沒有任何影響力，報紙則只反映意見。對於政客來說，他們莫說是引導各種意見，追趕意見還怕來不及。他們害怕意見，有時甚至變成了恐懼，這使他們採取了極不穩定的行動路線。

於是，群體的意見越來越傾向於變成政治的最高指導原則。它已經發展到了這種地步，竟然能夠迫使國家之間結盟，例如最近的法俄同盟，就幾乎完全是一場大眾運動的產物。目前一種奇怪的病症是，人們看到教皇、國王和皇帝們也在同意接受採訪，彷彿他們也願意把自己在某個問題上的看法交給群眾評判。在政治事務上不可感情用事，過去這樣說也許還算正確，但是當政治越來越受到多變的群眾衝動的支配，而他們又不受理性的影響，只受情緒支配時，還能再這樣說嗎？

至於過去引導意見的報業，就像政府一樣，它在群眾勢力面前也變得屈尊偏就。當然，它仍然有相當大的影響，然而這不過是因為它只一味反映群眾的意見及其不斷的變化。報業既然成了僅僅提供資訊的部門，它便放棄了讓人接受某種觀念或學說的努力。它在公眾思想的變化中隨波逐流，出於競爭的必要，它也只能這樣做，因為它害怕失去自己的讀者。

過去那些穩健而有影響力的報紙，如《憲法報》、《論壇報》或《世紀報》，被上一代人當做智慧的傳播者，如今它們不是已經消失，就是變成了典型的現代報紙，最有價值的新聞被夾在各種輕鬆話題、社會見聞和金融謊言之間。如今，沒有哪家報紙富裕到能夠讓它的撰稿人傳播自己的意見，因為對於那些只想得到消息，對經過深思熟慮後做出的所有斷言一概表示懷疑的讀者，這種意見的價值微乎其微。甚至評論家也不再能有把握地說一本書或一齣戲獲得了成功。他們能夠惡語中傷，但不能提供服務。報館十分清楚，在形成批評或個人意見上沒有任何有用的東西，於是它們便採取壓制批評的立場，只限於提一下書名，再添上兩三句「捧場的話」。在對年的時間裡，同樣的命運也許會降臨到戲劇評論的頭上。

今天，密切關注各種意見，已經成為報社和政府的第一要務。它們需要在沒有任何中間環節的情況下知道一個事件、一項法案或一次演說造成的效果。這可不是件輕鬆的任務，因為沒有任何事情比群眾的想法更為多變，今天，也沒有任何事情，能夠像群眾對他們昨天還讚揚的事情今天便給予痛罵的做法更為常見。

不存在任何引導意見的力量，再加上普遍信仰的毀滅，其最終結果就是對一切秩序都存在著極端分歧的信念，並且使群眾對於一切不明確觸及他們直接利益的事情，越來越不關心。

像社會主義這種信條的問題，只在很沒有文化的階層，如礦山和工廠裡的工人中間，能夠得勢，中產階級的下層成員以及受過一些教育的工人，不是變成了徹底的懷疑論者，就是抱著極不穩定的意見。

過去二十五年裡朝著這個方向演變的速度是驚人的。在這之前的那個時期，雖然與我們相距不算太遠，人們的意見還仍然大致存在著一般趨勢，它們的產生是因為接受了一些基本的信仰。只根據某人是個君主制的擁護者這一事實，即可斷定他持有某些明確的歷史觀和科學觀；只根據某人是共和主義者，便可以說他有著完全相反的觀點。

擁護君主制的人十分清楚，人不是從猴子變過來的，而共和主義者同樣十分清楚，人類的祖先就是猴子。擁護君主制的人有責任為王室說話，共和主義者則必須懷著對大革命的崇敬發言。凡是提到一些人名，如羅伯斯庇爾和馬拉，語氣中必須含有宗教式的虔誠，還有一些人名，如凱撒、奧古斯都或拿破崙，也萬萬不可在提到時不予以猛烈的痛斥。甚至在法蘭西的索邦，也普遍存在著這種理解歷史的幼稚方式。

目前，由於討論和分析的緣故，一切意見都失去了名望；它們的特徵很快退化，持續的時間之短很難喚起我們的熱情。現代人日益變得麻木不仁。

對於理念的衰退不必過於悲傷。無可爭辯，這是一個民族生命衰敗的徵兆。當然，偉大的人、具備超凡眼光的人、使徒和民眾領袖——總之，那些真誠的、有強烈信念的人——與專事否定、批判的人或麻木不仁的人相比，能夠發揮更大的影響，不過我們切莫忘記，由於目前群眾擁有龐大的勢力，因此，如果有一種意見贏得了足夠的聲望，使自己能夠得到普遍接受，那麼它很快便會擁有強大的專制權力，使一切事情全要屈服於它，自由討論的時代便會長久地消失。群眾偶爾是個步態悠閒的主人，就像赫利奧加巴勒（編按・羅馬帝國的昏君，惡名昭彰，後被他祖母殺掉）和提貝里烏斯（編按・提比略・尤利烏斯・凱撒・奧古斯都殘虐、好色，羅馬帝國第二任皇帝）一樣，但他們也是狂暴而反覆無常的。當一種文明讓群眾占了上風時，它便幾乎沒有多少機會再延續下去了。如果說還有什麼事情能夠推遲自身的毀滅的話，那就是極不穩定的群眾意見，以及他們對一切普遍信仰的麻木不仁。

第三卷

不同群體的分類與描述

第一章　群體的分類

提要：群體的一般分類／(1)異質性群體。它們的不同類型／種族的影響／群體精神敵不過種族精神／種族精神代表文明狀態，群體精神代表野蠻狀態。(2)同質性群體。它們的不同類型／宗派、身份團體和階級。

我們已在本書中論述了群體心理的一般特點。仍然有待說明的是，不同類型的集體在一定刺激因素的影響下變成群體時各自具有的特點。我們先用幾句話來談談群體的分類。

我們的起點是簡單的人群。當許多人組成的人群是屬於不同種族時，我們便看到了它最初級的形態。在這種情況下，惟一能夠形成團結的共同紐帶，是頭領或多或少受到尊敬的意志。在幾百年的時間裡不斷進犯羅馬帝國的野蠻人，來源十分複雜，因此可以把他們作為這種人群的典型。

比不同種族的個人組成的人群更高的層面，是那些在某些影響下獲得了共同特徵，因而最終形成一個種族的人群。它們有時表現出某些群體的特徵，不過這些特徵在一定程度上敵不過種族的因素。

在本書闡述過的某些影響的作用下，這兩種人群可以轉變成有機的或心理學義義上的群體。我們把這些有機的群體分為以下兩類：

(1) 異質性群體

1. 無名稱的群體（如街頭群體）
2. 有名稱的群體（如陪審團、議會等）

(2) 同質性群體

1. 派別（政治派別、宗教派別等）

2. 身份團體（軍人、僧侶、勞工等）

3. 階級（中產階級、農民階級等）

我們將簡單地指出這些不同類型群體的特徵。

一、異質性群體

本書前面研究的一直就是這種群體的特點。它們是由有著各種特點、各種職業、各種智力水準的個人組成的。

我們只根據事實便已說明過了，人作為行動的群體中的一員，他們的集體心理與他們的個人心理有著本質的差別，而且他們的智力也會受到這種差別的影響。我們已經說明過了，智力在集體中不起作用，它完全處在無意識情緒的支配之下。

一個基本因素，即種族的因素，使不同的異質性群體幾乎完全不同。

我們經常談到種族的作用，指出它是人們行動最強大的決定因素。它的作用在群體的性格中也有跡可尋。由偶然聚集在一起的個人組成的群體，如果他們全是英國人或中國人，同有著任何不同特徵但屬於同一個種族的個人——如俄國人、法國人或西班牙人——組成的群體，會有很大的差別。

當環境形成了一個群體，並且——雖然這種情況相當罕見——其中有著不同民族但比例大體相同的個人時，他們所繼承的心理成分給人的感情和思想方式造成的巨大差異，立刻就會變得十分突出，不管讓他們聚集在一起的是多麼一致的利益，都會發生這種情況。社會主義者試圖在大型集會中把不同國家的工人代表集合在一起的努力，最後總是以公開的分歧收場。拉丁民族的群體，不管它多麼革命或多麼保守，為了實現自己的要求，無一例外地求助於國家的干預。它總是傾向於集權，總是或明或暗地傾向於贊成獨裁。相反，英國人或美國人的群體就不拿國家當回事，他們只求助於個人的主動精神。法國的群體特別看重平等，英國的群體則特別看重自由。這些差異解釋了為何幾乎有多少個國家就有多少種不同形式的社會主義和民主。

由此可見，種族的氣質對群體性格有著重大影響。它是一種決定性力量，限制著群體性格的變化。因此可以認為，一條基本定律就是，由於種族精神的強大，群體的次要性格相比之下並不十分重要。群體狀態或支配群體的力量類似於野蠻狀態，或者說是向這種狀態的回歸。種族正是通過獲得結構穩定的集體精神，才使自身在越來越大的程度上擺脫了缺乏思考的群體力量，走出了野蠻狀態。除了種族因素之外，對異質性群體最重要的分類，就是把它們分為無名稱的群體——如街頭群體——和有名稱的群體，如精心組織起來的議會和陪審團。前一種群體缺乏責任感，而後一種群體則發揮了這種責任感，這往往使它們的行動有著很大的不同。

二、同質性群體

同質性群體包括：（1）派別；（2）身份團體；（3）階級。

派別是同質性群體組織過程的第一步。一個派別包括在教育、職業和社會階級的歸屬方面大不相同的個人，把他們聯繫在一起的是共同的信仰。這方面的例子是宗教和政治派別。身份團體是最易於組織起群體的一個因素。派別中包含著職業、教育程度和社會環境大不相同的個人，他們僅僅是被共同的信仰聯繫在一起，而身份團體則由職業相同的個人組成，因此他們也有相似的教養和相當一致的社會地位。這方面的例子如軍人和僧侶團體。

階級是由來源不同的個人組成的，和派別有所不同，使他們結合在一起的不是共同的信仰，也不像身份團體那樣，是因為相同的職業，而是某種利益、生活習慣以及幾乎相同的教育。這方面的例子是中產階級和農民階級。

本書只討論異質性群體，把同質性群體（派別、身份團體和階級）放在另一書本裡研究，因此我不打算在這裡談論後一種群體的特點。在結束對異質性群體的研究時，盤會考察一下幾種典型的特殊群體。

第二章　被稱為犯罪群體的群體

提要：被稱為犯罪群體的群體／群體犯法時在心理上也許不能稱之為犯罪／群體行為絕對是無意識的／「九月慘案」參與者的心理／他們的邏輯、殘忍和道德觀念。

在興奮期過後，群體就會進入一種純粹自動的無意識狀態。在這種狀態下，它受著各種暗示的支配，因此似乎很難把它說成是一個犯罪群體。我保留這一錯誤的定性，是因為最近一些心理學研究使它變得十分流行。不錯，群體的一些行為，如果僅就其本身而論，的確是犯罪行為，但是在某些情況下，這種犯罪行為同一隻老虎為了消退，而讓其幼虎把一個印度人撕得血肉模糊，然後再把它吃掉的行為是一樣的。

通常，群體犯罪的動機是一種強烈的暗示，參與這種犯罪的個人事後會堅信他們的行為是在履行責任，這與平常的犯罪大不相同。

群體犯罪的歷史說明了實情。

巴士底獄監獄長的遇害可以作為一個典型的事例。在這位監獄長的堡壘被攻破後，一群極度興奮的人把他團團圍住，從四面八方對他拳腳相加。有人建議吊死他，砍下他的頭，把他掛在馬尾巴上。在反抗過程中，他偶爾踢到了一個在場的人，於是有人建議，讓那個挨踢的人割斷監獄長的喉嚨，他的建議立刻博得了群眾的贊同。

「這個人，一個幹完活的廚子，來巴士底獄的主要原因是無所事事的好奇心。他只是想來湊熱鬧看看發生了什麼。然而由於普遍的意見就是如此，於是他也相信這是一種愛國行為，甚至自以為應為殺死一個惡棍而得到一枚勳章。他用一把借來的刀來切那裸露出來的脖子，因為武器有些鈍了，他沒能切動。於是他從自己兜裡掏出一把黑柄小刀（既然有廚子的手藝，他對切肉應當很有經驗），成功地執行了命令。」

以上指出的過程的作用，清楚地反映在這個例子中。我們服從別人的慫慂，它會因為來自集體而更為強大，殺人者認為自己是做了一件很有功德的事情，既然他得到了無數同胞的贊同，他這樣想是很自然的。這種事從法律上可以視為犯罪，從心理上卻不是犯罪。

犯罪群體的一般特徵與我們在所有群體中看到的特徵並無不同：易受慫慂、輕信、易變，把良好或惡劣的感情加以誇大、表現出某種道德，等等。

我們會發現，在法國歷史上留下最兇殘記錄的群體，即參與「九月慘案」的群體中間，這些特徵一應俱全。事實上，它與製造聖巴托羅繆慘案的群體十分相似。這裡我引用了泰納根據當時的文獻所做的詳細描述。

沒有人確切地知道是誰下了殺掉犯人空出監獄的命令。也許是丹東或別的什麼人，這並不重要。我們關心的是這樣一個事實，即參與屠殺的群體受到了強烈的慫恿。

這個殺人群體殺了大約三百人，而且它完全是個典型的異質性群體。除了少數職業無賴，主要是一些小店主和各行各業的手藝人：靴匠、鎖匠、理髮師、泥瓦匠、店員、郵差等等。在別人的慫恿下，他們就像前面提到的那個廚子一樣，完全相信自己是在完成一項「愛國主義」任務。他們擠進一間雙開門的辦公室，既當法官又當執行人，但是他們絲毫不認為自己是在犯罪。

他們深信自己肩負著重要使命，著手搭起一座審判台，與這種行動聯繫在一起的是，他們立刻表現出群體的率直和幼稚的正義感。考慮到受指控的人數眾多，他們決定把貴族、僧侶、官員和王室僕役一律處死，沒有必要對他們的案件一一進行審判——這就是說，在一個傑出的愛國者眼裡，對於所有的個人。只憑職業就可證明他是罪犯。其他人將根據他們的個人表現和聲譽做出判決。群體幼稚的良知以這種方式得到了滿足。現在可以合法地進行屠殺了，殘忍的本能也可以盡情地釋放了。

我在別處討論過這種本能的來源，集體總是會將它發揮得淋漓盡致。不過，正像群體通常的表現那樣，這種本能並不妨礙他們表現出一些相反的感情，他們的善心常常和他們的殘忍一樣極端。

「他們對巴黎的工人有著極大的同情和深刻的理解。在巴黎公社，那幫人中的一員在得知囚犯26小時沒喝上水後，簡直想把獄卒打死，如果不是犯人們為其求情，他是一定會這樣做的。當一名囚犯被（臨時法庭）宣告無罪後，包括衛兵和劊子手在內的所有人都高興地與他擁抱，瘋狂地鼓掌。」——然後開始了大屠殺。在這個過程中，歡快的情緒從未間斷。他們圍在屍體旁跳舞唱歌，「為女士」安排了長凳，以享觀看處死貴族之樂。而且這種表演一直充滿著特殊的正義氣氛。

巴黎公社的一名劊子手當時抱怨說，為了讓女士們看得真切，把她們安排得太近了，使在場的人中只有很少的人享受了痛打貴族的樂趣。於是決定讓受害者在兩排劊子手中間慢慢走過，讓他們用刀背砍他以延長其受苦的時間。在拉福爾斯監獄，受害人被剝得精光，在半小時裡施以「凌遲」，直到每個人都看夠了以後，再來上一刀切開他們的五臟六腑。

劊子手並非全無顧忌，我們指出過的存在於群體中的道德意識也表現在他們身上。他們拒絕佔有受害人的錢財和首飾，把這些東西全都放在會議桌上。

在他們的所有行為中，都可以看到群體頭腦特有的那種幼稚的推理方式。因此，在屠殺了一千二百到一千五百個民族的敵人之後，有人提議說，那些關著老年人、乞丐和流浪漢的監獄其實是在養著一些沒用的人，因此不如把他們全都殺掉，他的建議立刻就被採納。他們中間當然也有人民的敵人，例如，一位名叫德拉盧的婦女，一個下毒者的寡婦：「她肯定對坐牢非常憤怒，如果她能辦到的話，她會一把火燒掉巴黎。她肯定這樣說過，她已經這樣說過了。除掉她算了。」這種說法好像很令人信服，因犯被無一例外地處死了，其中包括50名12歲到17歲的兒童，他們當然也變成了人民公敵，於是全都被解決掉了。

當一周的工作結束時，所有這些處決也終於停止，劊子手們想來可以休息一下了。但他們深信自己為祖國立了大功，於是前往政府請賞。最熱情的人甚至要求被授予勳章。

一八七一年巴黎公社的歷史也提供了一些類似的事實。既然群體的勢力不斷增長，那些當權者節節敗退，因此我們一定還會看到許多性質相同的事情。

第三章　刑事案件的陪審團

提要：陪審團的一般特點／統計資料顯示，他們的判決獨立於他們的人員成分／影響陪審團的方法／辯護的形式與作用／說服關鍵人物的技巧／令陪審團遲疑或嚴厲的不同罪行／陪審團制度的好處。

由於不可能在這裡對所有類型的陪審團一一進行研究，因此我只想評價一下最重要的，即法國刑事法庭的陪審團。這些陪審團為有名稱的異質性群體提供了一個極好的例子。我們會看到，它也表現出易受暗示和缺乏推理能力的特點。當它處在群眾領袖的影響之下時，也主要受無意識情緒的支配。在這一研究的過程中，我們不時還會看到一些不懂群眾心理的人犯下錯誤的有趣事例。

首先，組成群體的不同成員在做出判決時，其智力水準無關緊要，陪審團為此提供了一個很好的例子。我們已經知道，當一個善於思考的團體要求就某個並非完全技術性的問題發表意見時，智力起不了多少作用。例如，一群科學家或藝術家，僅僅因為他們組成一個團體這個事實，並不能就一般性問題做出與一群泥瓦匠或雜貨商十分不同的判斷。在不同的時期，尤其是在一八四八年以前，法國政府規定對召集起來組成陪審團的人要慎加選擇，要從有教養的階層選出陪審員，即選擇教授、官員、文人等等。

如今，大多數陪審員來自小商人、小資本家或雇員。然而令專家大惑不解的是，無論組成陪審團的是什麼人，他們的判決總是一樣。甚至那些敵視陪審制度的地方長官，也不得不承認判決的準確性。貝拉・德・格拉熱先生是刑事法庭的前庭長，他在自己的《回憶錄》中用下面一席話表達了自己的看法：

今天，選擇陪審員的權力實際掌握在市議員手裡。他們根據自己環境中的政治和選舉要求，把人們列入名單或從名單上劃掉。……大多數選人陪審團的人都是生意人（但並不是像過去那樣重要的人）和屬於某個政府部門的雇員。……只要法官的開庭時間表一定，他們的意見和專長便不再有多少作用。許多陪審員有著新手的熱情，有著最良好的意圖的人，被同時放在了恭順的處境下，陪審團的精神並未改變：它的判決依然如故。

對於這段話，我們必須記住的是它的結論，而不是那些軟弱無力的解釋。對這樣的解釋我們不必感到奇怪，因為法官通常和地方長官一樣，對群體心理一竅不通，因此他們也不瞭解陪審團。我從一個與剛才提到的這位作者有關的事實中還發現了一個證據。他認為，刑事法庭最著名的出庭律師之一拉蕭先生，處心積慮地利用自己的權利，在所有案件中反對讓聰明人出現在名單上。但是經驗終究會告訴我們，這種反對是毫無用處的，這可由一個事實來證明，即今天的公訴人和出庭律師，以及所有那些關在巴黎監獄裡的人，都已完全放棄了他們反對陪審員的權利，因為正如德·格拉熱先生所言，陪審團的判決並無變化，「它們既不更好，也不更差」。

就像群體一樣，陪審團也受著感情因素極強烈的影響，很少被證據所打動。一位出庭律師說，「他們見不得有位母親用乳房餵孩子或者一個孤兒」；德·格拉熱則說，「一個婦女只要裝出一副惟命是從的樣子，就足以贏得陪審團的慈悲心腸。」

陪審團對自己有可能成為其受害者的罪行毫不留情，當然，這些罪行對社會也是最危險的，但是對於一些因為感情原因而違法的案件，陪審團卻十分優柔寡斷。對未婚母親的殺嬰罪，或者用潑硫酸來對付誘好或拋棄自己的男人的婦女，他們很少表現得十分嚴厲，因為他們本能地感到，社會在照常運轉，這種犯罪對它沒有多大威脅，而且在一個被拋棄的姑娘不受法律保護的國家裡，她為自己複仇，非但無害反而有益，因為這可以事先嚇阻那些未來的誘姦者。

陪審團就像任何群體一樣，也深受名望的影響。德·格拉熱先生十分正確地指出，陪審團的構成雖然十分民主，他們在好惡態度上卻很貴族化：「頭銜、出身、家財萬貫、名望或一位著名律師的幫助。總之，一切不同尋常或能給被告增光的事情，都會使他的處境變得極為有利。」

傑出律師的主要用心所在，就是打動陪審團的感情，而且正如對付一切群體一樣，不要做很多論證，或只採用十分幼稚的推理方式。一位因為在刑庭上贏了官司而赫赫有名的英國大律師，總結出以下應當遵循的行為準則：

進行辯護時，他要留心觀察陪審團。最有利的機會一直都有。律師依靠自己的眼光和經驗，從陪審員的面容上領會每句話的效果，從中得出自己的結論。第一步是要確認，哪些陪審員已經贊同他的理由。確定他們的贊同不必費很多功夫，然後他應把注意力轉向那些看來還沒有拿定主意的人，努力搞清楚他們為何敵視被告。這是他的工作中十分微妙的一部分，因為指控一個人除了正義感之外，還可以有無限多的理由。

這幾句話道出了辯護術的全部奧妙。我們可以理解，事先準備好的演說為何效果甚微，這是因為必須隨時根據印象改變措辭。

辯護人不必讓陪審團的每個人都接受他的觀點，他只爭取那些左右著普遍觀點的靈魂人物即可。就像一切群體一樣，在陪審團裡也存在著少數對別人有支配作用的人。「我通過經驗發現，」前面提到的那位律師說，「一兩個有勢力的人物就足以讓陪審團的人跟著他們走。」需要用巧妙的暗示取得信任的就是那兩三個人。

首先，最關鍵的事情就是取悅於他們。群體中已成功博得其歡心的那個人，是處在一個就要被說服的時刻，這時無論向他提出什麼證據，他很可能都會認為十分令人信服。我從有關拉蕭的報導中摘錄一段反映上述觀點的趣聞：

大家都知道，拉蕭在刑庭審判過程的一切演說中，絕對不會讓自己眼睛離開兩三個他知道或感到既有影響又很固執的陪審員。通常他會把這些不易馴服的陪審員爭取過來。不過有一次在外省，他不得不對付一個陪審員，他花了大半個小時，採用最狡猾的論辯，此人依然不為所動。這個人是第七陪審員，第二排椅子上的第一人。局面令人沮喪。突然，在激昂的辯論過程中，拉蕭停頓了片刻，向法官說：「閣下是否可以命令把前面的窗簾放下來？第七陪審員已經被陽光曬暈了。」那個陪審員臉紅起來，他微笑著表達了自己的謝意。他被爭取到辯方一邊來了。

許多作家，包括一些最出眾的作家，最近開展了一場反對陪審制度的強大運動，而面對一個不受控制的團體犯下的錯誤，這種制度是保護我們免受其害的惟一辦法。有些作者主張只從受過教育的階層召募陪審員，然而我們已經證明，甚至在這種情況下，陪審團的判決也同回到目前的制度沒什麼兩樣。還有些作者以陪審團犯下的錯誤為根據，希望廢除陪審團用法官取而代之。真是令人難以理解，這些一廂情願的改革家怎麼會忘了，被指責為陪審團所犯下的錯誤，首先是由法官犯下的錯誤，而且當被告被帶到陪審團面前時，一些地方官員、督察官、公訴人和初審法庭已經認定他有罪了。

由此可見，如果對被告做出判決的是地方官而不是陪審團，他將失去找回清白的推一機會。陪審團的錯誤歷來首先是地方官的錯誤。因此，當出現了特別嚴重的司法錯誤時，首先應當受到譴責的是地方官，譬如最近對醫生的指控就是如此。有個愚蠢透頂的督察官根據一位半癡呆的女孩的揭發，對他提出起訴。那個女孩指控醫生為了30個法郎，非法地為她做手術。若不是因為惹惱了公眾，使最高法院院長立刻給了他自由，他是一定會身陷囹圄的。這個被指控的人得到了自己同胞的讚譽，這一錯案的嚴重性由此昭然若揭。那些地方官自己也承認這一點，但是出於身份的考慮，他們極力阻撓簽署赦免令。

在所有類似的事情上，陪審團在遇到自己無法理解的技術細節時，自然會傾聽公訴人的意見，因為他們認為，那些在搞清楚最複雜的事態上訓練有素的官員，已經對事件進行了調查。那麼，誰是錯誤的真正製造者？是陪審團還是地方官？我們應當大力維護陪審團，因為它是惟一不能由任何個人來取代的群體類型。只有它能夠緩解法律的嚴酷性。這種對任何人一視同仁的法律，從原則上說既不考慮也不承認特殊情況。法官是冷漠無情的，他除了法律條文不理會任何事情，出於這種職業的嚴肅性，他對黑夜中的殺人越貨者和因為貧困、因為受到誘好者的拋棄而殺嬰的可憐姑娘，會施以同樣的刑罰。而陪審團會本能地感到，與逃避開法網的誘好者相比，被誘好的姑娘罪過要小得多，對她應當寬大為懷。

在瞭解了身份團體的心理，也瞭解了其他群體的心理之後，對於一個受到錯誤指控的案件，我不可能仍然認為，我不應當去和陪審團打交道，而應當去找地方官。從前者那裡我還有些找回清白的機會，讓後者認錯的機倉卻是筌於其微。群體的權力令人生畏，然而有些身份團體的權力更讓人害怕。

第四章　選民群體

提要：選民群體的一般特點／說服他們的辦法／候選人應當具備的素質：名望的必要性／工人農民為何很少選舉自己的同行／詞語和套語對選民的影響／競選演說的一般特點／選民的意見是如何形成的／政治委員會的權力／它們代表著最可怕的專制／大革命時期的委員會／普選權雖有缺陷，但不能廢除劫何即使限制選舉權也不會改變選舉結果。

選民群體，也就是說，有權選出某人擔任某項職務的集體，屬於異質性群體，但是由於他們的行為僅限於一件規定十分明確的事情，即在不同的候選人中做出選擇，因此他們只具有前面講到過的少數特徵。

在群體特有的特徵中，他們表現出極少的推理能力，他們沒有批判精神、輕信、易怒（情緒化）並且頭腦簡單。此外，從他們的決定中也可以找到群眾領袖的影響，和我們列舉過的那些因素——斷言、重複和傳染——的作用。

讓我們來看一下候選人說服選民群體的辦法。從最成功的辦法中，可以很容易地發現他們的動理。

首先，非常重要的是，候選人應當享有名望。能夠取代個人名望的只有財富。才幹甚至天才，都不是非常重要的成功要素。

極為重要的另一點是，享有名望的候選人必須能夠迫使選民不經討論就接受自己。選民中的多數都是工人或農民，他們很少選出自己的同行來代表自己，原因就在於這種人在他們中間沒有名望。當他們偶然選出一個和自己相同的人時，一般也是由於一些次要原因，例如為了向某個大人物或有權勢的雇主——選民平常要依靠他——洩憤，或是因為通過這種方式他能夠一時產生成為其主人的幻覺。

候選人若想保證自己取得成功，只有名望是不夠的。選民特別在意他表現出貪婪和虛榮。他必須用最離譜的哄騙手段才能征服選民，要毫不猶豫地向他們做出最令人異想天開的許諾。

如果選民是工人，那就侮辱和中傷雇主，再多也不過分。對於競選對手，必須利用斷言法、重複法和傳染法，竭力讓人確信他是個十足的無賴，他惡行不斷是人盡皆知的事實。為任何表面證據而費心是沒有用處的。對手如果不瞭解群體心理，他會用各種論證為自己辯護，而不是把自己限制在只用斷言來對付斷言，如此一來，他也就沒有任何獲勝的機會了。

候選人寫成文字的綱領不可過於絕對，不然他的對手將來會用它來對付自己。但是在口頭綱領中，再夸夸其談也不過分。可以毫無懼色地承諾最重要的改革。做出這些誇張能夠產生巨大的效果，但它們對未來並沒有約束力，因為這需要不斷地進行觀察，而選民絕對不想為這事操心，他並不想知道自己支持的候選人在實行他所贊成的競選綱領上走了多遠，雖然他以為正是這個綱領使他的選擇有了保證。

在以上這種事情中，能夠看到我們前面討論過的所有說服的因素。我們在各種口號和套話——我們已經談到過這些東西神奇的控制力——所發揮的作用中還會看到它們。一個明白如何利用這些說服手段的演說家，他能夠用刀劍成就的事情，用這種辦法照樣可以辦到。像不義之財、卑鄙的剝削者、可敬的勞工、財富的社會化之類的說法，永遠會產生同樣的效果，儘管它們已經被用得有些陳腐。

此外，如果候選人滿嘴新詞，其含義又極其貧乏，因而能夠迎合極不相同的各種願望，他也必能大獲全勝。西班牙一八七三年那場血腥的革命（編按：應是指西班牙第一共和國的騷亂暴動事件），就是由這種含義複雜、因而每個人都可以自己做出解釋的奇妙說法引起的。當時的一位作者描述了這種說法的出現，值得引用於此：

> 激進派已經發現集權制的共和國其實是喬裝打扮的君主王國，於是為了還就他們議會全體一致宣告建立一個「聯邦共和國」，雖然投票者中誰也解釋不清楚自己投票贊成的是什麼。然而這個說法卻讓人皆大歡喜。人們無比高興並陶醉於其中。美德與幸福的王國就要在地球上揭幕。共和主義者如果被對手拒絕授予聯邦主義者名稱，會認為自己受到了致命的侮辱。人們在大街上以這樣的話互致問候：「聯邦共和國萬歲！」然後便響起一片讚美之聲，對軍隊沒有紀律這種奇怪的美德以及士兵自治大讚歌。人們對「聯邦共和國」是如何理解的呢？有些人認為它是指各省的解放，即同美國和行政分權制相似的制度；還有些人則認為它意味著消滅一切權力，迅速著手於偉大的社會變革。巴賽隆納和安達路西亞的社會主義者贊

成公社權力至上，他們建議在西班牙設立一萬個獨立的自治區，根據它們自己的要求制定法律，在建立這些自治區的同時禁止員警和軍隊的存在。在南部各省，叛亂很快便開始從一座城市向另一座城市、從一個村莊向另一個村莊蔓延。有個發表了宣言的村莊，它所做的第一件事情，就是立刻破壞了電報線和鐵路，以便切斷與相鄰地區和馬德里的一切關係。處境最可憐的村莊注定只能寄人籬下。聯邦制給各立門戶大開方便之門，到處都在殺人放火，人們無惡不作。這片土地上充斥著血腥的狂歡……

至於理性對選民的頭腦可能產生的影響，要想對這個問題不生任何疑心，千萬別去讀那些有關選民集會的報導。在這種集會上，言之鑿鑿、痛罵對手，有時甚至拳腳相加此起彼伏，但絕對聽不到論證。即使有片刻安靜的時候，也是因為有個享有「粗漢」名聲的人在場，宣稱自己要用一些讓聽眾開心的麻煩問題難倒候選人。然而反對派的滿足是短命的，因為提問者的聲音很快就會被對手的叫喊壓倒。從報紙的上千個類似事例中選出來的關於公眾集會的以下報導，可以作為這方面的典型：

> 會議的組織之一請大會選出一名主席，騷亂立刻席捲全場。無政府主義者跳上講臺，粗暴地佔領會議桌。社會主義者極力反抗；人們相互扭打，每派都指責對方是拿了政府傭金的奸細。等等……一個眼睛被打青了的公民離開了會場。
>
> 在一片喧鬧聲中，會議只好拖延很長時間，說話的權利轉移給了X同志。
>
> 這位演講人開始激烈抨擊社會主義者，他們則用「白癡、無賴、流氓！」等等的叫罵聲打斷了他。X同志則針對這些髒話提出一種理論，根據這種理論，社會主義者是「白癡」或「可笑之人」。

昨晚，為五一節工人慶祝會的預演，阿勒曼派在福伯格宮大街的商會大廳組織了一次大會。會議的口號是「沉著冷靜！」G同志——暗指社會主義者是「白癡」和「騙子」！所有這些惡言惡語都會引起相互攻訐，演講者和聽眾甚至會大打出手。椅子、桌子、板凳，全都變成了武器。等等，不一而足。

千萬不要以為，這種描述只適用於固執的選民群體，並且取決於他們的社會地位。在不管是什麼樣的無名稱的集會中，即使參與者全是受過高等教育的人，會上的爭論也沒什麼兩樣。我已經說過，當人們聚集成一個群體時，一種降低他們智力水準的機制就會發生作用，在所有的場合都可以找到這方面的證明。例如，下面是我從一八九五年2月13日的《時報》上摘錄的有關一次集會的報導：

那個晚上，隨著隨著時間的流逝，喧囂聲有增無減。我不相信有哪個演講者能夠說上兩句話而不被人打斷。每時每刻都有人從這裡或那裡大聲叫喊，或者是喊聲四起。掌聲中加雜著噓聲，聽眾中的個別成員也在不斷地相互激烈爭吵。一些人可怕地揮舞著木棒，另一些人不停地擊打地板。打斷演說的人引來一片呼喊：「把他轟下去！」或「讓他說！」

C先生滿嘴都是「白癡、懦夫、惡棍、卑鄙無恥、惟利是圖、打擊報復」之類的用語，他宣稱要把這些東西統統消滅。等等，等等。

人們也許會問，處在這種環境裡的選民怎麼能夠形成一致意見呢？提出這樣的問題，等於是在集體享有自由的程度這件事上掩蓋一個奇怪的謬見。群體持有別人賦予他們的意見，但是他們絕不能誇口自己持有合乎理性的意見。在這裡所談論的事情上，選民的意見和選票是操在選舉委員會的手裡的，而它的領袖人物通常都是些政客，他們向工人許諾好處，因此在這些人中間很有影響。謝勒先生是今天最勇敢的民主鬥士之一，他說：「你可知道什麼是選舉委員會？它不多不少，是我們各項制度的基石，是政治機器的一件傑作。今日法國就是受著長期選舉委員會的統治。」

只要候選人能夠被群體所接受，並擁有一定的財源，對群體產生影響並不困難。根據揮款人的格認，三百萬法郎就足以保證布朗熱將軍重新當選。

選民群體的心理學就是如此。它和其他群體一樣：既不更好也不更差。因此，我從以上所言並沒有得出反對普選的結論。我明白了它的命運，因此出於一些實際的原因，我願意保留這種辦法。事實上，我們是通過對群體心理的調查歸納出了這些原因，基於這些考慮，我要對它們做進一步的闡述。

不必懷疑，普選的弱點十分突出，所以人們很難視而不見。無可否認，文明是少數智力超常的人的產物，他們構成了一個金字塔的頂點。隨著這個金字塔各個層次的加寬，智力相應地也越來越少，它們就是一個民族中的群眾。一種文明的偉大，如果依靠僅僅以人多勢眾自誇的低劣成員的選票，是無法讓人放心的。另一件無須懷疑的事情是，群眾投下的選票往往十分危險。它們已經讓我們付出了若干次遭受侵略的代價，我們眼看著群體正在為其鋪設道路的社會主義就要大獲全勝，異想天開的人民主權論，十有八九會讓我們付出更慘重的代價。

然而，這些不同意見雖然從理論上說頗令人信服，在實踐中卻毫無勢力。只要還記得觀念變成教條後有著不可征服的力量，我們就會承認這一點。從哲學觀點看，群體權力至上的教條就像中世紀的宗教教條一樣不堪一駁，但是如今它卻擁有和昔日教條一樣強大的絕對權力，因此它就像過去我們的宗教觀念一樣不可戰勝。不妨設想有個現代自由思想家被送回了中世紀。難道你會認為，當他發現盛行於當時的宗教觀念有著至高無上的權力後，會對它們進行攻擊嗎？一旦落入一個能夠把他送上火刑柱的法官之手，指控他與魔鬼有約或參與了女巫的宴饗，他還會對存在著魔鬼或女巫提出置疑嗎？用討論的方式與颶風作對，這比群眾的信念明智不了多少。普選的教條今天就有著過去的宗教所具有的威力。演說家和作家在提到它時表現出的恭敬與媚態，即使路易十四也無緣享受。因此對於它必須採取和對待宗教教條一樣的立場，只有時間能夠對它發生影響。

此外，破壞這種教條的努力更是無用，因為它具有一種對自己有利的外表。托克維爾正確地指出，「在平等的時代，人們並不相信有關他們彼此之間全都一樣的說法，但是這種比喻卻使他們幾乎毫無節制地信賴公眾的判斷力，其原因就在於，所有的人同樣開明似乎是不太可能的，真理並不會與人數上的優勢攜手同行。」

對選舉權加以限制，如果必要的話，把這種權利限制在聰明人中間，如此便可認為，這樣做會改進群眾投票的結果嗎？我永遠也無法承認會出現這種情況，這是基於我已經說過的理由，即一切集體，不管其成員如何，全都患有智力低下症。在群體中，人們總是傾向於變得智力平平，在一般性問題上，40名院士的投票不會比40個賣水人所投的票更高明。我一點都不相信，如果只讓有教養的和受過教育的人成為選民，受到譴責的普選的投票結果就會大為不同。一個人不會因為通曉希臘語或數學，因為是個建築師、獸醫、醫生或大律師，便掌握了特殊的智力或社會問題。

我們的政治經濟學家全都受過高等教育，他們大都是教授或學者，然而，他們何曾就哪個普遍性問題——貿易保護、雙本位制等等——取得過一致意見？原因就在於，他們的學問不過是我們的普遍無知的一種十分弱化了的形式。在社會問題上，由於未知的因素數量眾多，從本質上說人們的無知沒有什麼兩樣。

因此，完全由掌握各種學問的人組成的選民，他們的投票結果不會比現在的情況好多少。他們將仍然主要受自己的感情和黨派精神的支配。對於那些我們現在必須對付的困難，我們還是一個也解決不了，而且我們肯定會受到身份團體暴政的壓迫。

群眾的選舉權不管是受到限制還是普遍給予，不管是在共和制還是君主制之下行使這種權利，不管是在法國、比利時、德國、葡萄牙或西班牙，都是一樣的；說一千道一萬，它所表達的不過是一個種族示意識的嚮往和需要。在每個國家，當選者的一般意見都反映著種族的稟性，而我們看到，這種稟性從一代人到下一代人，不會有顯著的變化。

由此可見。我們一再遇到種族這個基本概念。我們經常遇到它，由此會產生另一種認識，即各種制度和政府對一個民族印生活只能產生很小的影響。民族主要是受其種族的稟性支配，也就是說，是受著某些品質的遺傳殘餘的支配，而所謂稟性，正是這些品質的總和。種族和我們日常之需的枷鎖，是決定著我們命運的神秘主因。

第五章　議會

提要：議會中的群體表現出異質性群體的大部分特徵／他們的意見的簡單化／易受暗示，但有局限性／他們難以改變的意見和易變的意見／議而不決的原因／領袖的作用／他們是議會的真正主人／演講術的要點／沒有名望者的演說勞而無功／議會成員的感情誇張／國民公會的實例／議會失去群體特徵的情況／專家在技術性問題上的作用／議會制度的優點和危險／適應現代要求，但會造成財政浪費和對自由的限制／結論。

我們在議會中找到了一個有名稱的異質性群體的範例。雖然議會成員的選舉方式因時而異，各國之間也有所不同，不過它們都有著十分相似的特徵。在這種場合，人們會感到種族的影響或者削弱，或者強化了群體的共同特徵，但不會妨礙它們的表現。大不相同的國家，如希臘、義大利、葡萄牙、西班牙、法國和美國，它們的議會在辯論和投票上表現出很大的相似性，使各自的政府面對著同樣的困難。

然而，議會制度卻是一切現代文明民族的理想。這種制度是一種觀念的反映，即在某個問題上，一大群人要比一小撮人更有可能做出明智而獨立的決定。這種觀念雖然從心理學上說是錯誤的，卻得到普遍的贊同。

在議會中也可以看到群體的一般特徵：頭腦簡單、多變、易受暗示、誇大感情以及少數領袖人物的主導作用。然而，由於其特殊的構成，也有一些獨特的表現，我們現在就來做一簡單說明。

意見的簡單化是他們最重要的特徵之一。在所有黨派中，尤其是在拉丁民族的黨派中，無一例外地存在著一種傾向，即根據適用於一切情況的最簡單的抽象原則和普遍規律來解決最複雜的社會問題。當然，原則因黨派不同而各有不同，但是僅僅因為個人是群體的一部分這個事實，他們便總是傾向於誇大自己原則的價值，非要把它貫徹到底不可。由此產生的結果是，議會更嚴重地代表著各種極端意見。

議會有著特別質樸的簡單意見，法國大革命時期的雅各賓黨人為此提供了一個最完美的典型。他們用教條和邏輯對待人，頭腦裡充滿各種含糊不清的普遍觀念，他們忙不迭地貫徹死板的原則，不關心事實如何。在談到他們時，人們不無理由地認為，他們經歷了一場革命，但並沒有看到這場革命。在一些引導著他們的十分簡單的教條的幫助下，他們以為自己能夠把這個社會從上到下重新改造一遍，結果使一個高度精緻的文明倒退到了社會進化更早期的階段。他們為實現自己的夢想而採用的辦法，與極端質樸的人有著同樣的特點。實際上，他們不過是把攔在他們道路上的一切統統毀掉。不管他們是吉倫特派、山

嶽派還是熱月派，全都受著同樣的精神的激勵。

議會中的群體很容易受暗示的影響，而且就像所有群體一樣，暗示都是來自享有名望的領袖。不過議會群體這種易受暗示的特點，又有著很明確的界限，指出這一點十分重要。

在有關地方或地區的一切問題上，議會中的每個成員都持有牢固而無法改變的意見，任何論證都無法使其動搖。例如，在貿易保護或釀酒業特權這類與有勢力的選民的利益有關的問題上，即使有德摩斯提尼（編按・前三八四～前三二二，古雅典雄辯家，民主派人士）的天賦，也難以改變一位眾議員的投票。這些選民在投票期到來之前就發出的暗示，足以壓倒來自其他方面的一切取消的建議，使意見的絕對穩定得到了維護。

一涉及到一般性問題——推翻一屆內閣、開徵一種新稅等等——就不再有任何固定的意見了，領袖的建議能夠發揮影響，雖然與普通群體中的方式有所不同。每個政黨都有自己的領袖，他們的勢力有時旗鼓相當。結果是，一個眾議員有時發現自已被夾在兩種對立的建議之間，因此難免遲疑不決。這解釋了為什麼經常會看到他在一刻鐘之內就會做出相反的表決，或為一項法案增加一條使其失效的條款。例如，剝奪雇主選擇和解雇工人的權利，然後又來上一條幾乎廢除這一措施的修正案。

出於同樣的理由，每屆議會也有一些非常穩定的意見和一些十分易變的意見。大體上說，一般性問題數量更多，因此在議會中議而不決的現象司空見慣——所以議而不決，是因為永遠存在著對選民的擔心，從他們那裡收到的建議總是姍姍來遲，這有可能制約領袖的影響力。

不過，在無數的辯論中，當涉及的問題議員們沒有強烈的先人之見時，處在主導地位的人依然是那些領袖。

這些領袖的必要性是顯而易見的，因為在每個國家的議會中，都可以看到他們以團體首領的名義存在著。他們是議會的真正統治者。組成群體的人沒了頭頭便一事無成，因此也可以說，議會中的表決通常只代表極少數人的意見。

領袖的影響力只在很小的程度上是因為他們提出的論據，而在很大程度上來自他們的名望。這一點最好的證明是，一旦他們不知因為什麼情況威信掃地，他們的影響力也隨之消失。

這些政治領袖的名望只屬於他們個人，與頭銜或名聲無關。關於這個事實，西蒙先生在評論一八四八年國民議會時，他也是其成員之一的大人物時，為我們提供了一些非常具體的例子：

路易・拿破崙兩個月以前還無所不能，如今卻完全無足輕重了。

維克多・雨果（編按・一八〇二～一八八五，活動家、作家，被稱為法國莎士比亞）登上了講臺。他無功而返。人們聽他說話，就像聽菲利克斯・皮亞（編按・一八一〇～一八八九，法國名記者、政治家）次阿說話一樣，但是他並沒有博得多少掌聲。「我不喜歡他那些想法」，談到皮阿，沃拉貝勒對我說，「不過他是法國最了不起的作家之一，也是最偉大的演說家。」基內儘管聰明過人，智力超強，卻一點也不受人尊敬。在召開議會之前，他還有些名氣，但在議會裡他卻籍籍無名。

對才華橫溢者無動於衷的地方，莫過於政治集會。它所留心的只是那些與時間地點相宜、有利於黨派的滔滔辯才，並不在乎它是否對國家有利。若想享有一八四八年的拉馬丁以及一八七一年的梯也爾得到的那種崇敬，需要有急迫而不可動搖的利益刺激才成。一旦危險消失，議會立刻就會忘記它的感激和受到的驚嚇。

我引用上面這些話，是因為其中包含著一些事實，而不是因為它所提供的解釋，其中的心理學知識貧乏得很。群體一旦效忠於領袖，不管是黨的領袖還是國家的領袖，它便立刻失去了自己的個性。服從領袖的群體是處在他的名望的影響之下，並且這種服從不受利益或感激之情的支配。

因此，享有足夠名望的領袖幾乎掌握著絕對權力。一位著名的眾議員在多年時間裡因其名望而擁有巨大的影響力，在上次大選中由於某些金融問題而被擊敗，此事片為人知。他只消做個手勢，內閣便倒臺了。有個作家用下面一席話說明了他的影響程度：

這位X先生，我們要為他付出三倍於通常讓我們付出的代價，主要是因為他，我們在馬達加斯加的地位長期處於岌岌可危，我們在南尼日爾被騙走了一個帝國，我們失去了在埃及的優勢。X先生的謬論讓我們丟失了領土，比拿破崙一世的災難有過之而無不及。

對於這種領袖，我們不必過於苛責。不錯，他使我們損失慘重，然而他的大部分影響力都是因為他順應了民意，而這種民意在殖民地事務上，目前還遠沒有超越過去的水準。領袖很少超前於民意，他所做的一切幾乎總是在順應民意，因此也會助長其中的所有錯誤。

我們這裡所討論的領袖進行說服的手段，除了他們的名望之外，還包括一些我們多次提到過的因素。領袖若想巧妙地利用這些手段，他必須做到對群體心理了然於心，至少也要無意識地做到這一點；他還必須知道如何向他們說話。他尤其應當瞭解各種詞彙、套話和形象的神奇力量。他應當具備特殊的辯才，這包括言之鑿鑿——卸去證明的重負——和生動的形象，並伴之以十分籠統的論證。這種辯才在所有集會中都可以看到，英國議會也不例外，雖然它是所有議會中最嚴肅的一家。英國哲學家梅因說：

> 在下院的爭吵中可以不斷看到，整個辯論不過是些軟弱無力的大話和盛怒的個人之間的交鋒。這種一般公式對純粹民主的想像有著巨大的影響。讓一群人接受用驚人之語表達出來的籠統的斷言，從來就不是什麼難事，即使它從未得到過證實，大概也不可能得到證實。

以上引文中提到的「驚人之語」，不管說得多重要也不能算過分。我們多認談到詞語和套話的特殊力量。在措辭的選擇上，必須以能夠喚起生動的形象為準。下面這段話摘自我們一位議會領袖的演說，它為我們提供了一個極好的範例：

這艘船將駛向坐落著我們監獄的那片熱病肆虐的土地，把名聲可疑的政客和目無政府的殺人犯關在一起。這對難兄難弟可以促膝談心，彼此視為一種社會狀態中互助互利的兩派。

如此喚起的形象極為鮮活，演說者的所有對手都會覺得自己受著它的威脅。他們的腦海裡浮現出兩幅畫面：一片熱病肆虐的國土，一艘可以把他們送走的船。他們不是也有可能被放在那些定義不明確的可怕政客中間嗎？他們體驗到的恐懼，與當年羅伯斯庇爾用斷頭臺發出威脅的演說給國民公會的人的感覺是一樣的。在這種恐懼的影響下，他們肯定會向他投降。

嘩嘩不休地說些最離譜的大話，永遠對領袖有利。我剛才引用過的那位演說家能夠斷言——並且不會遇到強烈的抗議——金融家和僧侶在資助扔炸彈的人，因此大金融公司的總裁也應受到和無政府主義者一樣的懲罰。這種斷言永遠會在人群中發生作用。再激烈的斷言、再可怕的聲明也不算過分。要想嚇唬住聽眾，沒有比這種辯術更有效的辦法。在場的人會擔心，假如他們表示抗議，他們也會被當做叛徒或其同夥打倒。

如我所說，這種特殊的辯論術在所有集會中都極為有效。危難時刻它的作用就更加明顯。從這個角度看，法國大革命時期各種集會上的那些大演說家的講話，讀起來都十分有趣。他們無時無刻不認為自己必須先譴責罪惡弘揚美德，然後再對暴君破口大罵，發誓不自由毋寧死。在場的人站起來熱烈鼓掌，冷靜下來後再回到自己的座位上。

偶爾也有智力高強、受過高等教育的領袖，但是具備這種品質通常對他不但無益反而有害。如果他想說明事情有多麼複雜，同意做出解釋和促進理解，他的智力就會使他變得寬宏大量，這會大大削弱使徒們所必需的信念的強度與粗暴。在所有的時代，尤其是在大革命時期，偉大的民眾領袖頭腦之狹隘令人瞠目；但影響力最大的，肯定也是頭腦最偏狹的人。

其中最著名的演說，即羅伯斯庇爾的演說，經常有著令人吃驚的自相矛盾，只看這些演說實在搞不明白，這個大權在握的獨裁者何以有如此大的影響：

教學法式的常識和廢話，糊弄孩子頭腦的稀鬆平常的拉丁文化，攻擊和辯護所採用的觀點不過是些小學生的歪理。沒有思想，沒有措辭上令人愉快的變化，也沒有切中要害的譏諷。只有令我們生厭的瘋狂斷言。在經歷過一次這種毫無樂趣的閱讀之後，人們不免會與和藹的德穆蘭一起，長歎一聲：「唉！」

想到與極端狹隘的頭腦結合在一起的強烈信念能夠給予一個有名望的人什麼樣的權力，有時真讓人心驚肉跳。一個人要想無視各種障礙，表現出極高的意志力，就必須滿足這些最起碼的條件。群體本能地在精力旺盛信仰堅定的人中間尋找自己的主子，他們永遠需要這種人物。

在議會裡，一次演說要想取得成功，根本不取決於演說者提出的論證，而是幾乎完全依靠他所具有的名望。這方面最好的證明是，如果一個演說者因為這樣或那樣的原因失去名望，他同時也就失去了一切影響，即他根據自己的意志影響表決的能力。

當一個籍籍無名的演說者拿著一篇論證充分的講稿出場時，如果他只有論證，他充其量也只能讓人聽聽而已。一位有心理學見識的眾議員，德索布先生，最近用下面這段話描述了一個缺乏名望的眾議員：

他走上講台後，從公事包裡拿出一份講稿，煞有介事地擺在自己面前，十分自信地開始發言。

他曾自我吹噓說，他能夠讓聽眾確信使他本人感到振奮的事情。他一而再、再而三地緊謝各己的論證，對那些數字和證據信心十足。他堅信自己能夠說服聽眾。面對他所引用的證據，任何反對都沒用處。他一廂情願地開講，相信自己同事的眼力，認為他們理所當然地只會贊同真理。

他一開口便驚異地發現大廳裡並不安靜，人們發嘈雜的噪音讓他多少有些惱怒。

為何不能保持安靜呢？為何這麼不留意他的發言呢？對於正在講話的人，那些眾議員在想些什麼？有什麼要緊的事情讓這個或那個眾議員離開了自己的座位？

他臉上掠過一絲不安的神情。他皺著眉頭停了下來。在議長的鼓勵下，他又提高嗓門開始發言，他加重語氣，做出各種手勢。周圍的雜訊越來越大，他連自己的話都聽不見了。於是，他又停了下來。最後，因為擔心自己的沉默會招來可怕的叫喊：「閉嘴！」便又開始說起來。喧鬧聲變得難以忍受。

當議會極度興奮時，它也會變得和普通的異質性群體沒什麼兩樣，這時它的感情就會表現出總愛走極端的特點。可以看到它或是做出最偉大的英雄主義舉動，或是犯下最惡劣的過失。個人不再是他自己，他會完全失去自我，投票贊成最不符合他本人利益的措施。

法國大革命的歷史說明了議會能夠多麼嚴重地喪失自我意識，讓那些與自己的利益截然對立的建議牽著鼻子走。貴族放棄自己的特權是個巨大的犧牲。但是在國民公會期間那個著名的夜晚，他們毫不猶豫地這樣做了。議會成員放棄自己不可侵犯的權利，便使自己永遠處在死亡的威脅之下，而他們卻邁出了這一步；他們並不害怕在自己的階層中濫殺無辜，雖然他們很清楚，今天他們把自己的同夥送上斷頭臺，明天這可能就是他們自己的命運。

實際上，他們已經進入了我曾描述過的一個完全不由自主的狀態，任何想法都無法阻止他們贊成那些已經把他們沖昏了頭腦的建議。下面的話摘自他們中間的一個人，比約─凡爾納的回憶錄，這段話極典型地記下了這種情況：「因為這些決議，我們受到了那麼多的譴責，就在兩天前，我們都還不想做出的決定，居然就通過了；造成這種情況的是危機，再無其他原因。」再也沒有比這更正確的說法了。

在所有情緒激昂的議會上，都可以看到同樣的無意識現象。泰納說：

> 他們批准並下令執行一些他們引以為榮的措施。這些措施不只愚蠢透頂，簡直就是犯罪——殺害無辜，殺害他們的朋友。在右派的支持下，左派全體一致，在熱烈的掌聲中把丹東，他們的天生首領，這場革命的偉大發動者和領袖，送上了斷頭臺。在左派的支援下，右派全部一致，在最響亮的掌聲中表決通過了革命政府最惡劣的法令。議會全體一致，在一片熱

烈叫喊的讚揚聲中，在對德布瓦、庫車和羅伯斯庇爾等人熱烈的讚揚聲中，不由自主地一再舉行改選，使殺人成性的政府留在臺上；平民派憎惡它，是因為它殺人如麻，山岳派憎惡它，是因為這個政府對它草菅人命的平民派和山岳派，多數派和少數派，最後都落了個同意為他們的自相殘殺出力的下場。牧月22日，整個議會把自己交給了劊子手；熱月8日，在羅伯斯庇爾發言後的一刻鐘內，同樣的事情又被這個議會做了一次。

這幅畫面看起來昏天黑地，但它十分準確。議會若是興奮和頭腦發昏到一定程度，就會表現出同樣的特點。它會變成不穩定的流體，受制於一切刺激。下面這段有關一八四八年議會的描述，來自斯布勒爾先生，一位有著不容懷疑的民主信仰的議員。我把《文學學報》上這段十分有代表性的文字轉引如下。它為我曾經說過的誇張感情這一群體特點、為它的極端多變性——這使它一刻不停地從一種感情轉向另一種截然相反的感情——提供了一個例子。

共和派因為自己的分裂、嫉妒和猜疑，也因為它的盲信和無節制的願望而墜入地獄。它的質樸和天真與它的普遍懷疑不相上下。與毫無法律意識、不知紀律為何物的表現相伴的，是放肆的恐怖和幻想。在這些方面鄉下人和孩子也比他們強。他們的冷酷和他們的缺乏耐心一樣嚴重，他們的殘暴與馴順不相上下。這種狀態是性格不成熟以及缺乏教養的自然結果。沒有什麼事情能讓這種人吃驚，但任何事情都會讓他們慌亂。出於恐懼或出於大無畏的英雄氣概，他們既能赴湯蹈火，也會膽小如鼠。

他們不管原因和後果，不在乎事物之間的關係。他們忽而灰心喪氣，忽而鬥志昂揚，他們很容易受驚慌情緒的影響，不是過於緊張就是過於沮喪，從來不會處在環境所要求的心境或狀態中。他們比流水還易變，頭腦混亂，行為無常。能指望他們提供什麼樣的政府基礎？

幸運的是，上述這些在議會中看到的特點，一併非經常出現。議會只是在某些時刻才會成為一個群體。在大多數情況下，組成議會的個人仍保持著自己的個性，這解釋了議會為何能夠制定出十分出色的法律。其實，這些法律的作者都是專家，他們是在自己安靜的書房裡擬訂草稿的，因此，表決通過的法律，其實是個人而不是集體的產物。這些法律自然就是最好的法律。只有當一系列修正案把它們變成集體努力的產物時，它們才有可能產生災難性的後果。群體的產品不管性質如何，與孤立的個人的產品相比，總是品質低劣的。專家阻止著議會通過一些考慮不周全或行不通的政策。在這種情況下，專家是群體暫時的領袖。議會影響不到他，他卻可以影響到議會。

議會的運作雖然面對所有這些困難，它仍然是人類迄今為止已經發現的最佳統治方式，尤其是人類已經找到的擺脫個人專制的最佳方式。不管是對於哲學家、思想家、作家、藝術家還是有教養的人，一句話，對於所有構成文明主流的人，議會無疑是理想的統治。

不過，在現實中它們也造成兩種嚴重的危險，一是不可避免的財政浪費，二是對個人自由不斷增加的限制。

第一個危險是各種緊迫問題和當選群體缺少遠見的必然產物。如果有個議員提出一項顯然符合民主理念的政策，譬如說，他在議案中建議保證使所有的工人能得到養老津貼，或建議為所有級別的國家雇員加薪，其他眾議員因為害怕自己的選民，就會成為這一提議的犧牲品，他們似乎不敢無視後者的利益，反對這種提議中的政策。雖然他們清楚這是在為預算增加新的負擔，必然造成新稅種的設立。他們不可能在投票時遲疑不決。增加開支的後果屬於遙遠的未來，不會給他們自己帶來不利的結果，如果投了反對票，當他們為連選連任而露面時，其後果就會清楚地展現在他們面前。

除了這第一個擴大開支的原因外，還有一個同樣具有強制性的原因，即必須投票贊成一切為了地方目的的補助金。一名眾議員沒辦法反對這種補助，因為它們同樣反映著選民的迫切需要，也因為每個眾議員只有同意自己同僚的類似要求，才有條件為自己的選民爭取到這種補助金。

上面提到的第二個危險——議會對自由不可避免的限制——看起來不那麼明顯，卻是十分真實的。這是大量的法律——它們總是一種限制性措施——造成的結果，議會認為自己有義務表決通過，但是由於眼光短淺，它在很大程度上對其結果茫然無知。

這種危險當然是不可避免的，因為即使在英國這個提供了最通行的議會體制、議員對其選民保持了最大獨立性的國家，也沒有逃脫這種危險。赫伯特・史賓塞在一本很久以前的著作中就曾指出，表面自由的增加必然伴隨著真正自由的減少。他在最近的《人與國家》一書中又談到了這個問題。在討論英國議會時，他表達了自己的觀點：

> 自從這個時期以來，立法機構一直遵循著我指出的路線。迅速膨脹的獨裁政策不斷地傾向於限制個人自由，這表現在兩個方面。每年都有大量的法律被制定出來，對一些過去公民行為完全自由的事務進行限制，強迫

他做一些過去他可做可不做的事情。同時，日益沉重的公共負擔，尤其是地方公共負擔，通過減少他可以自由支配的收益份額，增加公共權力取之於他並根據自己的喜好花銷的份額，進一步限制了他的自由。

這種對個人自由日益增加的限制，在每個國家都有史賓塞沒有明確指出的各種具體的表現形式。正是這些大量的立法措施——大體上全是些限制性法令——的通過，必然會大大增加負責實施它們的公務員的數量、權力和影響。沿著這個方向走下去，這些公務員有可能成為文明國家的真正主人。他們擁有更大的權力，是因為在政府不斷更換的過程中，只有他們不會受到這種不斷變化的觸動，只有他們不承擔責任，不需要個性，永久地存在。實行壓迫性的專制，莫過於具備這三種特點的人。

不斷制定一些限制性法規，用最複雜的條條框框把最微不足道的生活行為包圍起來，難免會把公民自由活動的空間限制在越來越小的範圍之內。各國被一種謬見所蒙蔽，認為保障自由與平等的最好辦法就是多多地制定法律，因此它們每天都在批准進行一些越來越不堪忍受的束縛。它們已經習慣於給人上套，很快便會達到需要奴才的地步，失去一切自發精神與活力。那時他們不過是些虛幻的人影，消極、順從、有氣無力的行屍走肉。

若是到了這個地步，個人注定要去尋求那種他自己身上已經找不到的外在力量。政府各部門必然與公民的麻木和無望同步增長。因此它們必須表現出私人所沒有的主動性、首創性和指導精神。這迫使它們要承擔一切，領導一切，把一切都納入自己的保護之下。於是國家變成了全能的上帝。而經驗告訴我們，這種上帝既難以持久，也不十分強大。

在某些民族中，一切自由受到了越來越多的限制，儘管表面上的許可使它們產生一種幻覺，以為自己還擁有這些自由。它們的衰老在造成這種情況上所起的作用，至少和任何具體的制度一樣大。這是直到今天任何文明都無法逃脫的衰落期的不祥先兆。

根據歷史的教訓以及各方面都觸目驚心的那些先兆判斷，我們的一些現代文明已經到達了衰敗期之前那些歷史上早已有之的時代。所有的民族似乎都不可避免地要經歷同樣的生存階段，因為看起來歷史是在不斷地重複它的過程。

關於文明進化的這些共同階段，很容易做個簡單的說明，我將對它們做一概括，以此為本書做結。這種速記式的說明，也許能夠對理解目前群眾所掌握的權力的原因有所啟發。

如果我們根據主要線索，對我們之前那些文明的偉大與衰敗的原因加以評價，我們會發現什麼呢？

在文明誕生之初，一群來源不同的人，因為移民、入侵或佔領等原因聚集在一起。他們血緣不同，語言和信仰也不同。使這些人結為整體的惟一共同的紐帶，是沒有完全得到某個頭領承認的法律。這些混亂的人群有著十分突出的群體特徵。他們有短暫的團結，既表現出英雄主義，也有種種弱點，易衝動而性情狂涓。沒有什麼東西把他們牢固地連系在一起。他們是野蠻人。

漫長的歲月造就了自己的作品。環境的一致、種族間不斷出現的通婚和共同生活的必要性發揮了作用。不同的小群體開始融合成一個整體，形成了一個種族，即一個有著共同的特徵和感情的群體，它們在遺傳的作用下日益穩固。這群人變成了一個民族，這個民族又有能力擺脫它的野蠻狀態。但是，只有在經過長期的努力、必然不斷重複的鬥爭以及無數次的反覆，從而使它獲得了某種理想之後，它才能夠完全形成一個民族。這個理想具有什麼性質並不十分重要，不管是對羅馬的崇拜、雅典的強盛還是真主阿拉的勝利，都足以讓一個種族中的每個人在感情和思想上形成完全的統一。

在這個階段，一種包含著各種制度、信念和藝術的新文明便誕生了。這個種族在追求自己理想的過程中，會逐漸得到某些它建立豐功偉業所不可缺少的素質。無須懷疑，它有時仍然是烏合之眾，但是在它變幻不定的特徵的背後，會形成一個穩定的基礎，即一個種族的稟性，它決定著一個民族在狹小的範圍內變化，支配著機遇的作用。

時間在做完其創造性工作之後，便開始了破壞的過程，不管是神仙還是人，一概無法逃出它的手掌。一個文明在達到一定的強盛和複雜程度之後，它便會止步不前，而一旦止步不前，它註定會進入衰落的過程。這時它的老年期便降臨了。

這個不可避免的時刻，總是以作為種族支柱的理想的衰弱為特點。同這種理想的衰弱相對應，在它的激勵下建立起的斥教。政治和社會結構也開始發生動搖。

隨著這個種族的理想不斷消亡，它也日益失去了使自己團結強盛的品質。個人的個性和智力可以增長，但是這個種族集體的自我意識卻會被個人自我意識的過度發展所取代，同時伴隨著性格的弱化和行動能力的減少。本來是一個民族、一個聯合體、一個整體的人群，最終會變成一群缺乏凝聚力的個人，他們在一段時間裡，僅僅因為傳統和制度而被人為地聚集在一起。正是在這個階段，被個人利益和願望搞得四分五裂的人，已失去了治理自己的能力，因此在最微不足道的事情上也需要領導，於是國家開始發揮引人注目的影響。

隨著古老理想的喪失，這個種族的才華也完全消失了。它僅僅是一群獨立的個人，因而回到了自己的原始狀態——即一群烏合之眾。它既缺乏統一性也沒有未來，只有烏合之眾那些一時的特性。它的文明現在已經失去了穩定性，只能隨波逐流。民眾就是至上的權力，野蠻風氣盛行。文明也許仍然華麗，因為久遠的歷史賦予它的外表尚存，其實它已成了一座沒發可危的大廈，它沒有任何支撐，下次風暴一來，它便會立刻傾覆。

在追求理想的過程中，從野蠻狀態發展到文明狀態，然後，當這個理想失去優點時，便走向衰落和死亡，這就是一個民族的生命循環過程。

〈全書終〉

〔附錄一〕烏合之眾：人一到群體中，智商就嚴重降低

再聰明的個人，一旦進入群體，便會盲從，追求和相信的從來不再是什麼真相和理性，而是殘忍、偏執和狂熱，只知道簡單而極端的感情。

一旦淪為烏合之眾，便沒有辨別能力，無法判斷事情的真偽，許多經不起推敲的觀點，都能輕而易舉的得到普遍贊同。

群體中的個人不再是他自己，他變成了一個不受自己意志支配的玩偶。孤立的他可能是個有教養的個人，但在群體中他卻變成了野蠻人——即一個行為受本能支配的動物，他表現得身不由己，殘暴而狂熱。

如何避免被群體影響？什麼情況表示我們已被成功植入了他人想要讓我們擁有的觀念了呢？以下分享古斯塔夫·勒龐的50條金句，讓我們從他的話語中汲取智慧，保持真我。

〔附錄二〕古斯塔夫・勒龐語錄

人一到群體中，智商就嚴重降低

1、人一到群體中，智商就嚴重降低，為了獲得認同，個體願意拋棄是非，用智商去換取那份讓人倍感安全的歸屬感。

2、我們始終有一種錯覺，以為我們的感情源自於我們自己的內心。

3、群體只會幹兩種事——錦上添花或落井下石。

4、個人一旦成為群體的一員，他所作所為就不會再承擔責任，這時每個人都會暴露出自己不受道德約束的一面。群體追求和相信的從來不是什麼真相和理性，而是盲從、殘忍、偏執和狂熱，只知道簡單而極端的感情。

5、我們以為自己是理性的，我們以為自己的一舉一動都是有其道理的。但事實上，我們的絕大多數日常行為，都是一些我們自己根本無法瞭解的隱蔽動機的結果。

6、所謂的信仰，它能讓一個人變得完全受自己的夢想所奴役。

7、專橫和偏執是一切類型的群體的共性。

8、有時不真實的東西比真實的東西包含更多的真理。

9、群眾沒有真正渴求過真理，面對那些不合口味的證據，他們會充耳不聞。凡是能向他們提供幻覺的，都可以很容易地成為他們的主人；凡是讓他們幻滅的，都會成為他們的犧牲品。

10、數量，即是正義。

11、掌握了影響群眾想像力的藝術，也就掌握了統治他們的藝術。

12、沒有傳統，就沒有文明；沒有對傳統的緩慢淘汰，就沒有進步。

13、孤立的個人很清楚，在孤身一人時，他不能焚燒宮殿或洗劫商店，即使受到這樣做的誘惑，他也很容易抵制這種誘惑。但是在成為群體的一員時，他就會意識到人數賦予他的力量，這足以讓他生出殺人劫掠的念頭，並且會立刻屈從於這種誘惑。出乎預料的障礙會被狂暴地摧毀。人類的機體的確能夠產生大量狂熱的激情，因此可以說，願望受阻的群體所形成的正常狀態，也就是這種激憤狀態。

14、能夠感覺到的現象可以比作波浪，是海洋深處我們一無所知的那些亂象在海面上的表象。

15、昨天受群眾擁戴的英雄一旦失敗，今天就會受到侮辱。當然名望越高，反應就會越強烈。在這種情況下，群眾就會把末路英雄視為自己的同類，為自己曾向一個已不復存在的權威低頭哈腰而進行報復。

16、群體在智力上總是低於孤立的個人，但是從感情及其激發的行動這個角度看，群體可以比個人表現得更好或更差，這全看環境如何。一切取決於群體所接受的暗示具有什麼性質。

17、群體因為誇大自己的感情，因此它只會被極端感情所打動。希望感動群體的演說家，必須出言不遜，信誓旦旦。誇大其辭、言之鑿鑿、不斷重複、絕對不以說理的方式證明任何事情——這些都是公眾集會上的演說家慣用的論說技巧。

18、令人難忘的歷史事件，只是人類思想無形的變化所造成的有形的後果而已。

19、孤立的個體具有控制自身反應行為的能力，而群體則不具備。

20、在與理性永恆的衝突中，感情從未失過手。

21、影響民眾想像力的，並不是那些事實本身，而是它們發生和引起注意的方式。

22、群體總是對強權俯首貼耳，卻很少為仁慈善行感動！在他們看來，仁慈善良只不過是軟弱可欺的代名詞。

23、大眾沒有辨別能力，因而無法判斷事情的真偽，許多經不起推敲的觀點，都能輕而易舉的得到普遍贊同。

24、群體盲從意識會淹沒個體的理性，個體一旦將自己歸入該群體，其原本獨立的理性，就會被群體的無知與瘋狂所淹沒。

25、從長遠看，不斷重複的說法會進入我們無意識的自我的深層區域，而我們的行為動機正是在這裡形成的。到了一定的時候，我們會忘記誰是那個不斷被重複的主張的作者，我們最終會對它深信不疑。

26、群體中的個人是沙中之沙，風可以隨意攪動他們。

27、群體表現出來的感情不管是好、是壞，其突出的特點就是極為膚淺而誇張。

28、但凡能夠成就大業的領袖人物，他重要的品質不是博學多識，而是必須具備強大而持久的意志力，這是一種極為罕見，極為強大的品質，它足以征服一切。

29、成群結黨後，由於人多勢眾，個人會產生一種幻覺，感到自己力大無窮，不可戰勝，好像沒有什麼事情是辦不到的。

30、當一個人融入社會之中時，他便失去了自我。

31、在迫不得已的情況下，我們也許還是會願意接受傳統教育當中所有的弊端，因為儘管它只會培養一些被社會所拋棄的人、心懷不滿的人，但起碼對冗繁知識的膚淺掌握，對成堆教科書的完美背誦，或許可以提高智力水平。但事實上它真的能提高智力嗎？不可能！在生活中，判斷力、經驗、進取心和個性，這些才是取得成功的條件，這些都不是書本所能夠給予的。書本是可供查詢的有用字典，但倘若把這些冗長的詞條都裝在腦子裡，那可是一點用處都沒有。

32、文明賴以形成的道德力量失去效力時，它的最終瓦解總是由無意識且野蠻的群體來完成的。

33、一切政治、神學或社會信條，要想在群眾中紮根，都必須採取宗教的形式——能夠把危險的討論排除在外的形式。

34、群體精神最需要的不是自由而是服從。他們如此甘願聽從別人的意志，以至於只要有人自稱是它們的主人，他們就會本能地聽命於他。

35、知識份子民主與大眾民主之間有著深刻的差異，工人階級對此遠比那些知識份子有更清醒的認識。在知識份子與工人階級之間不存在任何共同的精神狀態，甚至連語言都不相同。

36、個人一旦融入群體，他的個性便會被湮沒，群體的思想便會佔據絕對的統治地位，而與此同時，群體的行為也會表現出排斥異議，極端化、情緒化及低智商化等特點。進而對社會產生破壞性的影響。

37、群體的積累只是愚蠢的積累，而真正的智慧被愚蠢的洪流淹沒。

38、長期以來，一直有一些理論家相信教育可以使人們達到一種大致的平等，但是，多年經驗表明這只是一種不切實際的幻想罷了。

39、群體也許永遠是無意識的，但這種無意識本身，可能就是它力量強大的秘密之一。在自然界，絕對服從本能的生物，其行為會複雜得讓我們不敢相信。理智是人類新近才有的東西，太不完美了，不能向我們揭示無意識的規律，更不能替代它。在我們的行為舉止中，無意識部分占的比重很大，理智所占的比例卻很小。無意識現在仍作為未知的力量在起作用。

40、到了一定的時候，我們不會記得那個不斷被重複的主張的人是誰，我們最終會對它深信不疑，廣告能有令人吃驚的威力，這就是原因。

41、名望的產生與若干因素有關，而成功永遠是其中最重要的一個。

42、在決定人們歷史地位上起著更大作用的，不是他們的「真實」面目，而是後人對他們的認識和感受。

43、群體會讓每個人在其中的錯誤縮小，而同時也會讓每個人的惡意被無限放大。

44、束縛個人行為的責任感一消失，人便會隨心所欲，肆意妄為。

45、群體的無意識行為取代了個體有意識的行為，這是現今時代最顯著的特徵之一。

46、盲從的群眾與少數精英之間的鬥爭，是人類歷史上連綿不絕的景象之一，歷史多次證明，失衡的人民主權的勝利是一種文明行將就木的顯著特徵。精英從事創造，而平民傾向於破壞；前者一旦失勢，後者就跟著開始做愛做的事了。

47、群眾日益被大眾文化所湮沒，而這種文化卻把平庸低俗當作最有價值的東西。

48、所以不要輕易地成為集體的一份子，這樣很容易被別有用心的人利用，即使你以為自己只不過是隨聲附和了一下而已，而實際上你已經成了幫兇。

49、群體的誇張傾向只作用於感情，對智力不起任何作用。

50、偉大的文明要想繁榮昌盛，首先必須控制住它們所包含的低劣成分。

〔結　語〕請保持獨立思考

並不是所有人融入集體時都會失去自我，群體也並非全都容易被愚弄和統治，勒龐只是從大眾心理學的角度闡明了一個簡單的道理——人的確容易受到群體的影響，並且群體的確有走向狂熱並被人利用的趨勢。歷史上很多事件都證明了勒龐的正確性，因而，對群體保持足夠的警惕顯得十分必要。

一個人必須首先是他自己，其次才是群體的一員。孤立的個人比較容易具有主宰自己的反應行為的能力，群體則缺乏這種能力。

正因如此，勒龐的話語具有長久的參考意義，它警示我們：要保持自己獨立的思考，警惕群體的狂歡，災難來臨時，不要成為「烏合之眾」的一員。

國家圖書館出版品預行編目資料

烏合之眾／古斯塔夫・勒龐（Gustave Le Bon）著，古丁譯；
初版 -- 新北市：新潮社文化事業有限公司，2023.09
面；　公分
譯自：Psychologie des foules
ISBN　978-986-316-891-1（平裝）
1. CST：群眾心理學

541.773　　　　112010789

烏合之眾

古斯塔夫・勒龐／著

古丁／譯

【策　劃】林郁
【製作人】翁天培
【制　作】天蠍座文創
【出　版】新潮社文化事業有限公司
電話：(02) 8666-5711
傳真：(02) 8666-5833
E-mail：service@xcsbook.com.tw

【總經銷】創智文化有限公司
新北市土城區忠承路 89 號 6F（永寧科技園區）
電話：(02) 2268-3489
傳真：(02) 2269-6560

印前作業　菩薩蠻電腦科技有限公司

初　　版　2023 年 09 月